まちの歴史を読み解く

東京ぶらり謎解きさんぽ

岡本哲志

はじめに

東京は、台地と低地が織りなす自然地形に、人々が知恵と技術を注ぎ込んでつくりあげた、世界にも類例を見ない特異な巨大都市である。そのためか、訪れる町それぞれが素敵な表情でむかえてくれる。よく知られた町だけが面白いわけでもない。

東京の地形は、大まかに西から東に起伏の少ない平坦な武蔵野台地が迫り出し、東に広大なデルタ地帯が控える。徳川家康は、江戸入府（1590年）そうそう武蔵野台地の東端、台地と低地の際に設けられた江戸城（太田《おおた》道灌《どうかん》築城）を城下町江戸の拠点とした。まるで西の台地、東の低地を睨むように。

遠浅の海の埋め立て、河川の付け替え、堀割の開削・整備が語りかける町の姿

江戸初期の江戸城（現・皇居）東側に広がる低地デルタ地帯には、「坂東太郎」と呼ばれる利根川をはじめ、河道《かどう》をたびたび変える暴れ川がいく筋も内海《うちうみ》（現・東京湾）に向けて流れ込む。土砂が堆積した砂州の自然堤防や点在する島々を除けば、到底人が住める環境ではなかった。家康の江戸入府以降、徳川幕府は長い年月をかけ、遠浅の海を埋め、河川を付け替え、新たな堀割の開削・整備を試み、江戸を巨大都市化していった。

ただし、東京湾の埋め立ては江戸期に限ったことではない。明治・大正・昭和と続く近代、さらにその延長線上に現代がある。埋立地には、豊洲運河、辰巳運河と、新たな運河（掘割）が整備され、有明、東雲《しののめ》などには近未来をイメージさせる超高層マンションなどのビル群が建ち並ぶ。江戸初期の佃島、明治大正期の月島、昭和の時代に姿をあらわした晴海。東京湾の埋め立ては、江戸東京が疲弊するときどきのはけ口となり、次世代へ向けた夢として描かれ続けた。

関ヶ原の戦い（１６００年）が終わったころには、江戸城のすぐ近く、平川（付け替え前の旧神田川の下流部）の流れ込む日比谷入江が埋められ、大名屋敷が占める土地に変貌する。明治期は軍用地から商業・業務空間となり、現在では世界有数のビジネスセンターに。大名屋敷が占める江戸期の丸の内一帯は町名がなく、明治に入り北から永楽町、八重洲町（現・八重洲）、有楽町の町名が新たに生まれた。拠り所を求めるように、町名は江戸初期以前に遡り、八重洲は「ヤン・ヨーステン」（日本名：耶揚子《やようす》）、有楽町は「織田有楽斎《おだゆうらくさい》」の名を借りる。永楽町も永楽年間（１４０３～２４年）に鋳造された銅銭の永楽銭からつけられた。ただし、ヤン・ヨーステンが賜った屋敷は和田倉御門外の千代田区丸の内。現在の八重洲（旧・八重洲町）は中央区にある。また、織田有楽斎は江戸に足を踏み入れておらず、江戸に屋敷を構えていたとの噂話が有楽町となった。町名が「新伝説」として渦巻く。

瓦礫処理の埋め立てが創出した武家地の近代

大坂夏の陣（１６１５年）が終わり、天下の城下町江戸では武士の人口が膨れ上がり、火事が多発する。火事で発生した大量の瓦礫が海の埋め立てに利用され、新たな武家地を創出した。

八丁堀（現・桜川公園など）以南の埋め立ては、寛永期（1624〜44年）に入るころに始まった。明暦の大火（1657年）後に遠浅の海の埋め立てが本格化し、西本願寺（現・築地本願寺）の移転とともに多くの大名屋敷が陸化した築地に配された。膳所藩本多家は、八丁堀以南の埋立地に2万坪近い広さの上屋敷を早い段階で賜り、長く維持し続けた。しかし、江戸から明治へと移行する過渡期、この屋敷跡は突如遊郭に変貌する。というのも、幕末期（1853〜68年）には、徳川幕府が諸外国から開港を迫られ、神戸（兵庫県）、横浜（神奈川県）などに加え、徳川将軍のお膝元江戸にも居留地を置かざるを得なくなっていた。だが、築地居留地の開設は遅れ、実際に開設されたのは明治新政府になってからのこと。居留地の定番である遊郭が膳所藩本多家上屋敷跡（現在の新富町）につくられ、京の島原遊郭にあやかって新島原遊郭と名づけられた。

1869（明治2）年に設けられた築地居留地には、大型の外国船（外洋船）が入港できる近代的な港がなかった。外国の貿易商たちは横浜の居留地から動く気配を見せず、公使館（後の大使館）のほかは教会、ミッションスクールの移転・新設にとどまった。遊郭誘致は完全にミスマッチとなり、数年後に新島原遊郭は消滅した。ただし、遊郭時代に整備されたお歯黒どぶ（入船川）、街路の骨格をそのままに、跡地は新富座（旧森田座）を中心に劇場街へと変貌。新たな遊興の場が誕生し、花街《かがい》の雰囲気を引き継ぐ。後に新富座が去った新富町は、今も訪れると妖艶な残り香を感じられ、町を探る想像力が刺激される。

洪水の巣窟である河道沿いを住める場所に

丸の内や神田など、江戸中心部の洪水を回避する狙いから、神田川は１６２０（元和６）年に神田三崎町あたりで付け替えられた。本郷台地を掘り割り、神田川の水が江戸の東に位置する隅田川へと流れ出る。水道橋から大手町にかけての旧神田川沿い一帯は、洪水のリスクを抱えたまま人が住み暮らす場所に変わり、江戸前期に武家地や町人地として成立する。日本橋川に架かる現在の雉子橋は、御三卿の一橋家が誕生するまで一ツ橋の名だった。「ひとつ」は、神田川や小石川（千川）が一つに集まる場所を意味しており、橋の名となる。１７３５（享保20）年、徳川吉宗の四男・宗尹《むねただ》が御三卿の１つを創設した際、困ったことが起きた。旧雉子橋近くに屋敷を賜ったが、「雉子橋家」ではしっくりこない。旧雉子橋の名は宗尹家の誕生で入れ替わり一ツ橋、御門も一橋御門となる。宗尹が創設した家の名は一橋家になった。

千代田区にある３つの町、一ツ橋、神田神保町、神田三崎町は、旧神田川の河道筋にあたる。洪水の心配に加えて地盤も軟弱で地震に弱く、関東大震災の時に大きな被害を被った。このようにネガティブな共通点があるとしても、異なる特徴的な町の姿を描いてみせ、それぞれが町の魅力を放つ。一ツ橋は武家地の大きな敷地規模を活かし大手の出版社や学校が集まる町へ。神田神保町は世界有数の古書店街として知名度を高めた。神田三崎町は明治中ごろに斬新な都市計画で新風を吹き込む。神田川から日本橋川まで北から南に、新たな知識を得て歩くと、自然と人の営みが繰り広げた特異な空気感を身近に感じる。

地形の成り立ちから見えてくる東京の台地

東京の台地は、海抜30ｍを切ると地形が複雑化し、川の侵食による多彩な形状を見せる。地形図で北にある千駄木あたりから南にある目黒までを眺めると、凹凸が少ない崖斜面の本郷台地と、複雑に台地と低地が入り組む赤坂・麻布台地とでは、地形にあらわれる表情が大いに異なる。

東京は、皇居（旧・江戸城）を中心に北東から反時計回りに7つの異なる特徴的な台地が取り巻く。南の目黒不動尊がある目黒台地を入れると8つ。さらに南に位置する荏原台地と久が原台地を加えると、東京都23区内の山の手は10の台地で全体が構成される。

もう少し注意深く台地の地形を探ると、成り立ちが異なる2つの地層からなると分かる。ひとつは上野台地から南の赤坂・麻布台地までと東京の台地の大半を占める、武蔵野面と呼ばれる地層だ。これらは堆積土砂による比較的平坦な台地面と、その台地を川が削り取った谷によるもの。たとえば、池袋の駅周辺はかつて武蔵野台地特有の平坦地が広がる原野だった。池袋駅のすぐ近くには、湧水の溜まる池（丸池）があり、そこからはじまる川の流れが浅い谷をつくる。

もうひとつは、古川（渋谷川）と目黒川に挟まれた芝・白金台地。この台地は、平坦な台地面になっておらず、武蔵野台地とは地形の成立経緯が異なる。白金の複雑な凹凸は、川により削り取られた地形ではなく、荏原台地とともにプレートの潜り込みによる地震隆起により、海の底が地表に露出した地層だ。

地形と川、その成り立ちの違いから町を読む

　皇居から見て北東方向に位置する上野台地。その東側は縄文海進で海面が上昇し打ち寄せる海の波の侵食により、凹凸の少ないのっぺりとした崖線が続く。上野台地の西側斜面に回ると、東側と違い、蛇行した旧石神井川（藍染川）が上野台地斜面を削り取り、本郷台地東側斜面と入れ子状に緩やかな曲線を描き流れ下っていた。上野台地側の三崎坂《さんざきざか》と千駄木にある本郷台地斜面を抜ける団子坂（千駄木坂）とは、似ているようで、凹凸の関係や土地利用の違いから坂の趣が大いに異なる。寺町を形成する三崎坂に対し、団子坂は眺望のよさもあり、早くから名所として知られた。ただし本郷台地の上まで行くと、その先は人の行き来が極端に少なくなる。台地上の平坦な千駄木一帯は、江戸期を通じて護摩木や炊事用の枝を採取する広大な雑木林が寛永寺支院により維持され、団子坂の賑わいは範囲が坂沿いに限られた。

　小石川・目白台地の南側斜面下は、井の頭池などを水源とする神田川が東に向かって流れる。武蔵野台地を削り取った石神井《しゃくじい》川、多摩川の残像である目黒川とともに、神田川の流路は比較的長い。神田川により削られた小石川・目白台地の河岸段丘斜面は、台地上と台地下低地との距離が似かよった金剛寺坂と今井坂が通る。春日と町名が付けられたエリアあたり、小石川・目白台地上は平坦な台地面であり、かつて雑木林が広がっていた。

　神田川以南には、牛込台地、四谷・麹町台地、赤坂・麻布台地が位置する。小石川・目白台地同様、これらの台地も平坦な台地面と、川の流れで削り取られた谷とで構成される。大久保、市谷柳町がある牛込台地、四谷がある四谷・麹町台地、原宿がある赤坂・麻布台地は、平坦な台地上の地形が共通する。ただし、場所ごとに異なる川のあり様は町の成り立ちに強

く関わり、川による影響が町の表情の違いにあらわれた。大久保の蟹川、市谷柳町を流れる加二川は、町の履歴を知る手掛かりとなる。

旧甲州街道（現・新宿通り）は台地の一番高い尾根筋を通した。この街道を分水嶺として北側と南側に地下水が分かれて流れ、四谷あたりは甲州街道の南北両側に幾つもの谷が入り込む。北側は後に外濠の一部となる紅葉《もみじ》川が谷筋からの水を集め、南側は遠江《とおとうみ》藩内藤家下屋敷（現・新宿御苑）内を源流とする渋谷川、鮫《さめ》が橋《はし》谷を水源に赤坂川が流れる。川で削り取られたこれらの谷が初期江戸城西側の守りを固めた。

鉄道路線と駅が語りかけるもの

東京は、鉄道がきめ細かく通る巨大都市。現在まで地下鉄の路線が数多く加わり、山手線《やまのてせん》が東京を一周巡る。明治中ごろまでは地方から延ばされた複数の路線が東京近郊で止まっていた。それらを結ぶ山手線の環状化は、膨大な財源捻出を押さえるため極力地価の安い場所が選ばれ、さらに平坦な土地がルート選定の条件に加わった。１９０１（明治34）年に新たに駅が設けられた大崎は、洪水が頻発し、土地の生産性が低く、地価が安い目黒川流域の水田地帯に線路を通すことで位置が決まった。

では山の手の台地部はどうか。台地にいく筋もの深い谷が入り込んでおり、地価が安く平坦な土地だけを結ぶことは難しい。鉄道にとって難敵である高低差を避けたいが、設定したルートの先に既存の大規模公共施設が立ちはだかれば往生する。高田馬場から巣鴨に抜けるルート設定では異なる条件のせめぎ合いがあり、Ｓ字を描く路線は苦肉の策のあらわれだった。駅の位置も、注目されていない平坦な原野が選ばれ、池袋の駅が誕生する。

山手線のルートと駅の位置が決まり、次に駅名がつけられた。池袋の場合は、駅が所在する池袋村を由来とする。ただし、駅の置かれた場所は雑司ヶ谷村との境界に接する村外れ。池袋は、後に雑司ヶ谷村まで駅の規模が拡張し、雑司ヶ谷村にある丸池を駅名の発祥地とする「新伝説」が飛び出した。

駅名が所在する村の名にならなかったケースもあった。上大崎村に設けられた駅は目黒の駅名に。目黒不動尊のパワーか、異例の駅名に落ち着く。有力な村がすでに他の駅名となっていたケースでは、字名の原宿に白羽の矢が立った。後にトレンディーな名として、原宿の名に新たな意味と価値が加わる。駅名だけを見ても、そこにはさまざまなドラマが隠されており興味深い。

町名につけられた送り仮名の有無

「四谷」と「四ツ谷」、「市谷」と「市ヶ谷」、「一橋」と「一ツ橋」。これらは現在も町中に混在する。江戸城を守る御門が「市谷御門」、駅は「市ヶ谷駅」と送り仮名がつく。日本橋川に架かる橋名が「一ツ橋」であり、戦後一ツ橋の町から国立市に移転した大学名は「一橋大学」となる。ビル名に至っては、「市谷◯◯ビル」だったり、「市ヶ谷◯◯ビル」と、送り仮名の「ヶ」がなかったり、あったりとさまざま。どちらでもいいではないかとの意見もあろうが、送り仮名をつけるかどうかはそれぞれの名の履歴にかかわる。

徳川幕府の威信を示す「市谷御門」「市谷濠」は、漢詩を重んじて送り仮名をつけない。送り仮名の誕生は江戸後期の寺子屋の普及と関係する。寺子屋には、武士だけでなく商人の子供たちも通った。商人の子供たちの多くは「四書五経」を理解するより「読み書き算盤《そろばん》」ができればよく、「四谷」に送り仮名の「ツ」が入れば誰でも「よつや」と正しく読めた。明治に入ってからの識字率の驚異的な高さは寺子屋の普及による。識字率が上がれば、送り仮名を入れることが一般化し、江戸期の終わりころには名所絵のタイトルに「四ツ谷〇〇」「市ヶ谷〇〇」と送り仮名を入れた刷物が出回りはじめた。明治期の学校でも送り仮名を入れた教育が進み、駅名は必然的に送り仮名が入った「四ツ谷」「市ヶ谷」となる。ただし、「一ツ橋」はもともと川が「ひとつ」に集まる場所に架かることが由来であるから、橋名を「一橋」と書くことはない。

数字を冠した町、その数は何を意味するのか

一ツ橋の他、町名に神田三崎町、四谷、六本木と数字を冠した町が思いのほか多い。神田三崎町、四谷は実際の地形にあらわれる数と一致しない。神田三崎町は４つの崎（岬）からなり、四谷に至っては７つも、８つも谷がある。ただし、いい加減に名が付けられたわけではない。これは本編でしっかりと確認したい。

六本木の場合は、名前が付けられた当時の風景を思い描くと、名付けた人が見ていた印象的な風景を素直に地名にしたのではないかと思う。目立つ木が３本であれば「三本木」となり、６本であれば「六本木」。１本だけ、あるいは群生していれば、松など木の種類を書き加えたくなる。名所で知られる「麻布一本松」のように。ただし、３本、４本では語呂が悪い。

語呂がよい6本は、木の数を確認する上でも多すぎない。だが、後年に1本枯れて5本だけの光景を見た人は新たな伝説をつくりたくもなり、六本木の名の「新伝説」が幅を利かせる。「新伝説」は場所への思いや想像力のあらわれであり、一概に嘘だとはねつけてはいけない。池袋のように、嘘かもしれない新伝説から別の新たな価値を発見すると、町をよりリアルに透視する可能性に期待が膨らむ。少しおかしいと気づいたとき、そこに新しい世界が開け、よい兆しとポジティブに捉えたい。「ああだ」「こうだ」と決めつけず、少し頭を柔軟にして町を訪れたいものだ。

本書は、このような思いから18の町を取り上げ、その履歴について読み解いている。これから、地形、川の特徴、町の成り立ち、名の付けられ方など、さまざまな視点から町の面白さに触れる旅をしていきたい。

目次

デザイン　chichols
カバーイラスト　Miltata
イラスト　Miltata／える／志田華織／火詩／吉田美春
トレース　加藤陽平
印刷・製本　シナノ書籍印刷株式会社

01

夢を与えた土地 佃、月島、晴海

隅田川河口付近には、江戸期の佃《つくだ》、明治・大正期の月島《つきしま》、昭和期の晴海《はるみ》と埋立地が並ぶ。埋立地は日々拡大し続け、現在では近未来の都市像を象徴するような場に変貌した。建築家・丹下《たんげ》健三《けんぞう》（1913～2005年）が東京湾上に描いた「東京計画1960」★1も今では突飛な発想ではなくなりつつある。

東京湾は、江戸東京が疲弊したその時々にいつも夢を与えてきた。佃は、江戸が都市化し巨大化する流れに取り残され、郷愁を漂わす夢の島であり続けた。月島は、近代東京の産業や物流の拠点でありながら、風景を愛でる風流が根付く。江戸を踏襲するかのような路地裏の長屋では、計画的に造成された最先端の都市計画で庶民の暮らしを充実させた。そこでは、住み手が生活環境を柔軟につくり変えてもきた。晴海は1940（昭和15）年の東京オリンピックと共に、万国博覧会のメイン会場となるはずだった。戦後は近未来を描く場として、夢を提供した。そんな埋立地の変遷を、歴史と地形から紐解いていく。

★1 丹下健三が発表した東京の都市構造に関する改革の提案。晴海（東京）と木更津（千葉）を道路で結び、その周辺に海上都市をつくる計画

佃の様子。 都市化していく江戸中心部に影響されず、 風情を残し続けた佃は江戸期に観光名所として人気だった。1993（平成5）年には中央大橋が開通し、現在はタワーマンションなどが建ち並ぶ

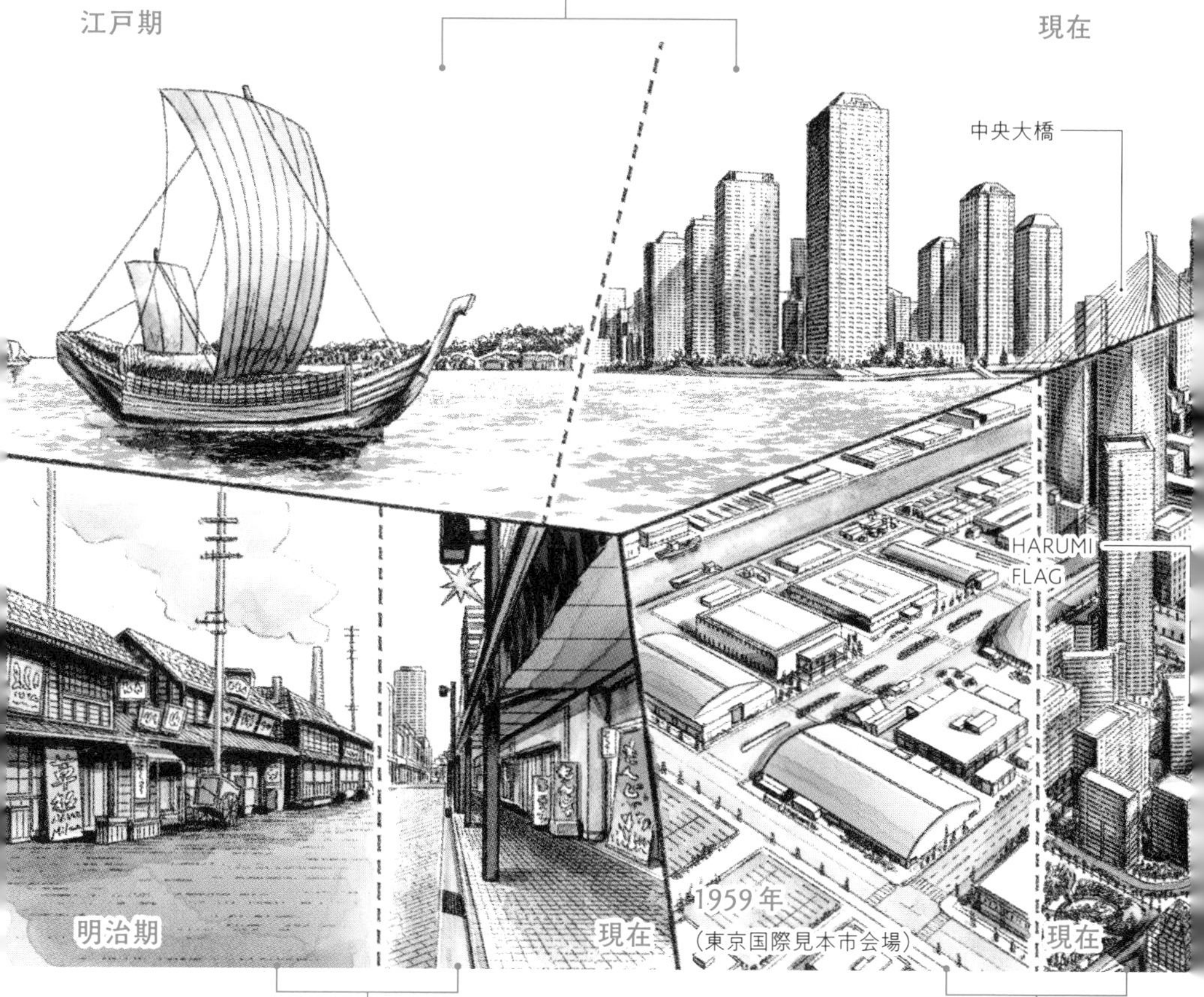

月島の様子。 明治後期ごろからは工業地として発展。戦前に子どもたちの駄菓子だった「もんじゃ」が人気の外食に成長。 現在は、 ご当地グルメの「月島もんじゃ」の店舗が多く建ち並び、「月島もんじゃストリート」と呼ばれている

晴海の様子。 1959（昭和34）年に東京国際見
が開場し、 さまざまなイベントの会場として使わ
の後、 老朽化などから閉場となり、 跡地は再開
東京オリンピック（2021年）の「選手村」とな
後大規模まちづくり「HARUMI FLAG」の場所と

1 佃は東京埋立地のスタート地点

佃は鉄砲洲《てっぽうず》東《ひがし》の干潟を埋め立てた島からスタートする。その歴史は、徳川家康がすでに大坂から呼び寄せていた漁師を住まわせた1644（寛永21）年まで遡り、現在の東京湾埋立地の出発点となった。町の鎮守は大坂の「住吉」を勧請する。漁師たちの営みは江戸でありながら、江戸ではない上方《かみがた》の世界をつくりあげた。その後、江戸の都市空間は巨大化するが、海を船で渡る以外に交通手段のない佃は、江戸の中心市街に近いにもかかわらず、都市化する周辺の変化とは無縁だった。何も変わらない環境を維持し続ける風景に、やがて江戸の人たちは郷愁を感じ始める。江戸市中から船で簡単に行ける場所だけに、佃に関心がそそられる。屋形船を保持する船宿も、ニーズの高まりを受け、彼らの手足となって船を佃に送り込む。ただ、品川のように遊興とセットの賑《にぎ》わい空間にはならなかった。一時的に船で訪れ、鄙《ひな》びた里の風情を満喫した人たちが去れば、もとの佃に戻るからだ。

　1683（天和3）年の江戸案内記『紫の一《ひと》本《もと》』に、漁師町の佃が観光名所として初めて登場★2。町人文化が華やぐ元禄期（1688～1704）、漁をする特権を与えられた御菜浦《ごさいうら》★3のなかで、佃は、江戸市街の拡大に飲み込まれる深川などほかの漁師町と異なり、鄙《ひな》びた里の風情を醸し続けた。

　近代に入ってからも、佃は島という立地特性から、震災・戦災を免れ、再開発の波にも無縁だった。時間が止まったように、江戸の路地の雰囲気を今に伝える。佃は、仕事と生活の2つの路地を使い分け、漁師町独特の空間構造をつくりだした。路地の幅は狭い所で1mにも満たない。佃で印象的な路地の1つは、人がやっとすれ違えるほどの奥に、永い時を刻む銀杏《いちょう》の巨木に守られた地蔵尊がある空間。自然と共生してきた町の姿が今も垣間見える。

　現在の佃は地下鉄を使えば簡単に赴ける。しかし、関東大震災にも、東京大空襲にも遭わなかったその土地柄は、船で訪ねれば現在もなお、江戸へのタイムスリップを満喫させてくれる。地下鉄や佃大橋を渡るのでは、この感覚は味わえない。

★2　享保年間（1716～36年）からは江戸の案内記に佃が頻繁に紹介された

★3　江戸前期、魚を将軍家の台所に納めることによって特別な権益を与えられていた浦方（漁村の漁師）

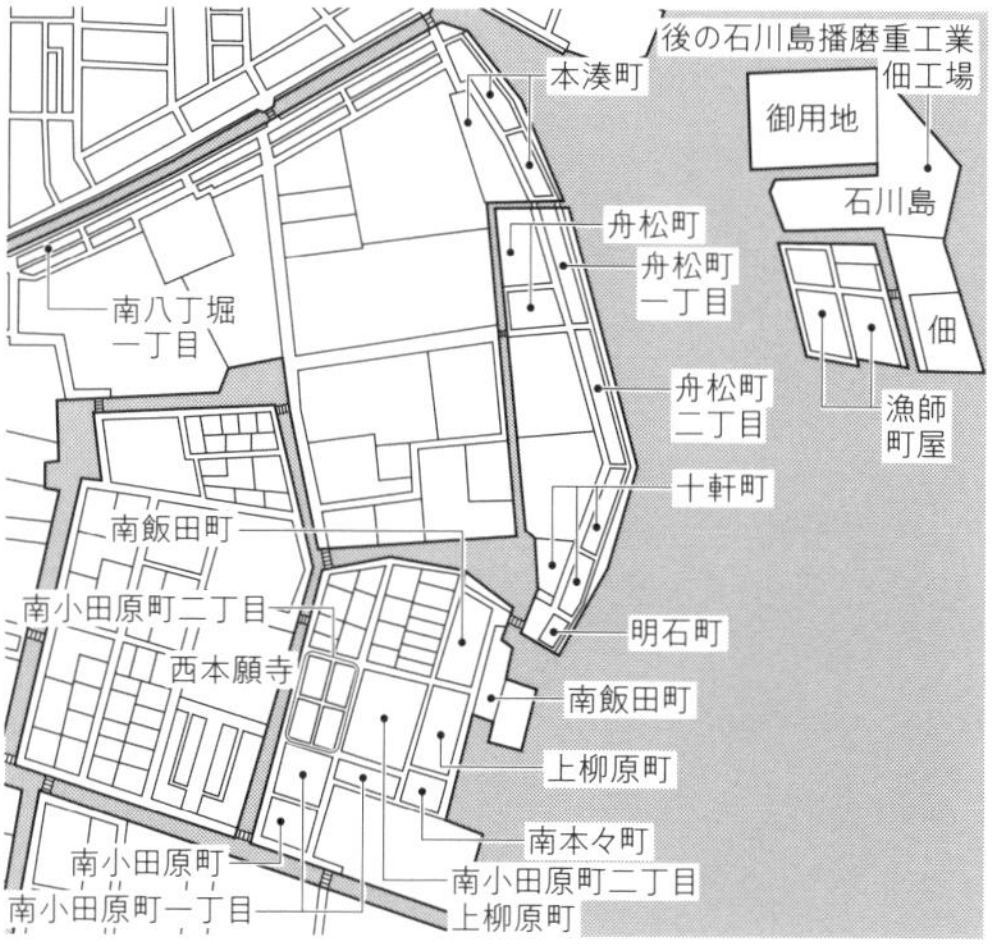

1849～1862年ごろの佃周辺

埋立地が佃に完成後の1645（正保2）年、島民が江戸市中に行くための交通手段として「佃の渡し」が始まった。明治初期までは不定期の運行だったが、1883（明治16）年より定期運航となる。1964（昭和39）年に佃大橋が完成したことに伴い、「渡し」は廃止となった。佃大橋に使われた鋼材は、佃の隣の石川島播磨重工業佃工場で製作された。橋の組み立てでは、当時日本最大級の船上クレーンが使われた

現在の佃周辺

現在の佃・月島・晴海では、江戸・明治・大正・昭和期の歴史的な空間が体験できる。加えて、平成、令和と続く新たな時代の空間も同居し、このコンパクトな埋立地には濃厚な時間が凝縮する

2 月島は文化人の行楽地だった

低湿地に成立した江戸。いくつもの河川が内海（現・東京湾）に注ぎ、掘割が縦横に巡る。水上交通を滞らせないため、浚渫《しゅんせつ》★4は徳川幕府の一大事業であり、巨額の資金が投下され続けた。しかし明治政府は、資金難から年々堆積する土砂を放置。水上交通の大動脈である隅田川は船舶の往来が困難となる。東京府は1887（明治20）年に重い腰を上げ隅田川の浚渫に取り掛かる。その際に大量発生した浚渫土が埋め立てに使われた。明治に入った1892（明治25）年になると、佃の南西に月島一号地★5が誕生する。続いて1894（明治27）年に月島二号地★6、1896（明治29）年には佃の東に新佃島★7と埋め立てが進む。

月島も佃と同様に、人々の主な移動手段として渡しを利用した。月島一号地の埋め立てが完成した直後の1892（明治25）年、「月島の渡し」が開業★8。1902（明治35）年になると、東京市が無料で汽船2隻を運行した。月島が工業地帯として発展したことで、1911（明治44）年には乗客の増加に対応するために徹夜渡船を開始するなど、1940（昭和15）年に勝鬨橋が架橋されるまで人々の重要な足として活躍した。

月島には、深川と結ぶ相生橋《あいおいばし》が1903（明治36）年に架けられ、陸から訪れる環境が進展する。月島は、北側に石川島播磨重工の造船所があり、近代産業の一翼を担う場として位置付けられた。造船所に関連する鉄工所や機械工場が数多く立地し、水際には海運業の建物・倉庫が建ち並ぶ。そこで働く人たちの生活の場や生活を支える商店が軒を並べる。月島は都心にも近く、東京湾が一望できるロケーションのよさがあった。また海水浴のメッカでもあり新佃島を中心に別荘地としての価値を高めた。1905（明治38）年には割烹旅館「海水館」が新佃島に建ち、大正期になると島崎藤村、小山内薫、竹久夢二など多くの文人や絵師たちが長逗留する。月島は身近な行楽地だった。大正期から昭和初期にかけて最初の全盛期を迎えた月島はその後、太平洋戦争の空襲を免れたことで、当時の町並みが色濃く残った。今も、往時を偲《しの》ぶ感傷に浸れる町であり続ける。

★4　河川や港湾などの水底を掘り、土砂などを取り去る工事のこと
★5　現・月島
★6　現・勝どき

1918〜1921年ごろの月島

開発が進むとグリッド状の街路が計画的に通された。1つの敷地の規模は間口20m、奥行きが60m。江戸期の標準的な町屋敷と比べ、間口は倍、奥行きの長さは1.5倍あり、路地の幅も2.7mとやや広め。だがそこで暮らす人たちは、「江戸」を再現するかのように、植木鉢を置き、縁台を並べた。歴史が浅い路地空間に、人々の暮らしの温もりを表現する。近代の月島につくられた新たな路地空間は、生活を中心とした江戸町人地の雰囲気を育てた

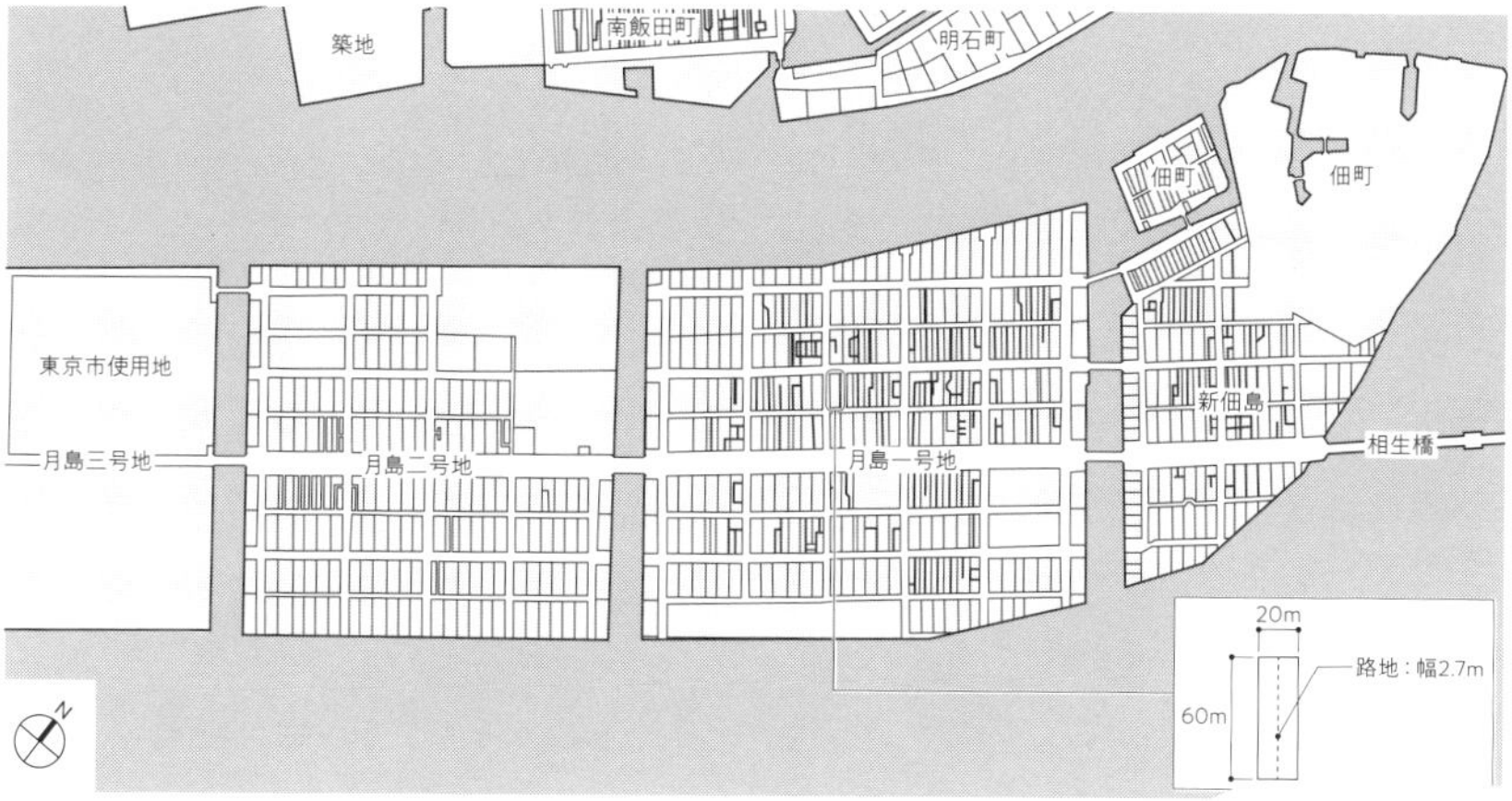

昭和戦前期の「月島の渡し」

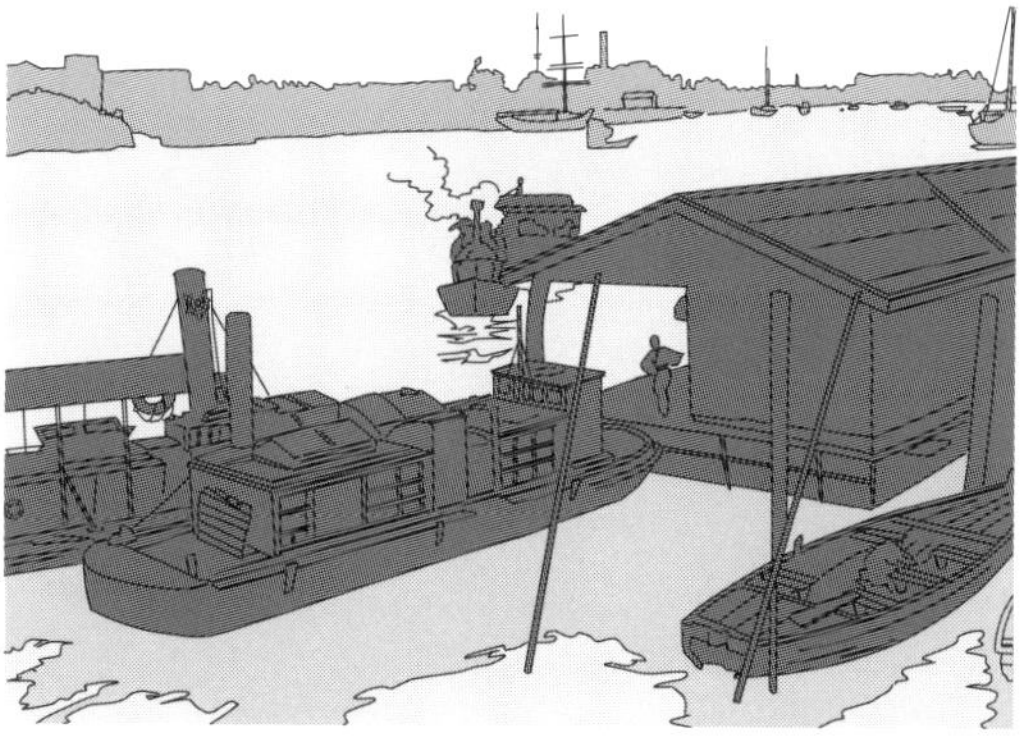

「月島の渡し」は、「月島一号地」（月島）の埋立てが完成して間もない1892（明治25）年、私設・有料の手漕ぎ船で始まったといわれる。1903（明治36）年に「相生橋」が開通するまで「佃島」「月島」には築地や深川へ渡る橋がなく、また「相生橋」開通後も、都心方面を結ぶ交通手段として、渡しは重要だった。1901（明治34）年に東京市営となり、汽船曳船による無料の渡船が運行開始する。その後、月島は臨海の工業地域として発展し、1911（明治44）年には徹夜運行も開始となった

★7　現・佃三丁目
★8　南飯田町（現・明石町14）から月島（現・月島三丁目）を結ぶ。当初私設の手漕ぎの渡船は有料だった

3 夢の残像がある晴海

東京湾の埋立地は浚渫土、産業廃棄物、家庭ごみなどで形成された島。有明《ありあけ》や台場《だいば》に続いて「夢の島」（江東区）が14号埋立予定地となった。社会が排出してきたごみでつくられた東京の埋立地には、まさに夢を与えてきた歴史がある。

晴海は、紀元2600年記念の万国博覧会開催地（1600坪）として決まった。1940（昭和15）年、東京オリンピックとの同時開催が予定されていた。だが、戦況の悪化から万国博覧会もオリンピックも中止となる。★9 終戦を迎え、経済が立て直された1959（昭和34）年には東京国際見本市会場が開場。多くの見本市やイベントが開催され、東京モーターショーでは憧れの自動車が展示された。★10 生活の夢も晴海で具体化する。1957（昭和32）年からは日本住宅公団が、住宅の高層化へ向けた最先端の「晴海団地高層アパート」建設を開始。翌年までに15棟（全669戸）が完成した。★11

地下鉄有楽町線が1988（昭和63）年に新木場駅まで延長され、月島駅が開業。それまで主な公共交通手段は都営バスだけだった。2000年になると、都営地下鉄大江戸線の勝どき駅・月島駅が開業し、晴海の交通環境は大きく改善された。★12 1980年代後半からはバブル景気の追い風もあり、モノレールのゆりかもめが開通し、東京湾岸エリアではウォーターフロント開発が進む。1996（平成8）年、東京ビッグサイトが有明に開場するなど、夢の舞台は晴海から有明、豊洲《とよす》、東雲《しののめ》、辰巳《たつみ》、夢の島へと広がりを見せる。

東京都が招致活動を続けてきた2016年東京オリンピックの構想では、メインスタジアムの建設が晴海五丁目に予定された。しかし、オリンピック招致が失敗し、スタジアムの建設も白紙に。晴海は2度目の夢が消えた。★13 コロナ禍に伴い2021年に延期となった2020年東京オリンピック・パラリンピックでは、メインスタジアムとして神宮の森にある旧スタジアム（国立競技場）を再開発したが、晴海五丁目は宿泊施設の選手村となり、夢舞台の一翼を担った。晴海は今も新たな都市空間を再生し続ける。

★9 中止となった紀元2600年記念日本万国博覧会の「夢の残像」として、晴海通りと勝鬨橋が現存する

★10 大東亜戦争（第二次世界大戦）後、晴海には東京都港湾局専用（鉄道）線が敷設され、貨物列車で大型の展示物を運べるようになった

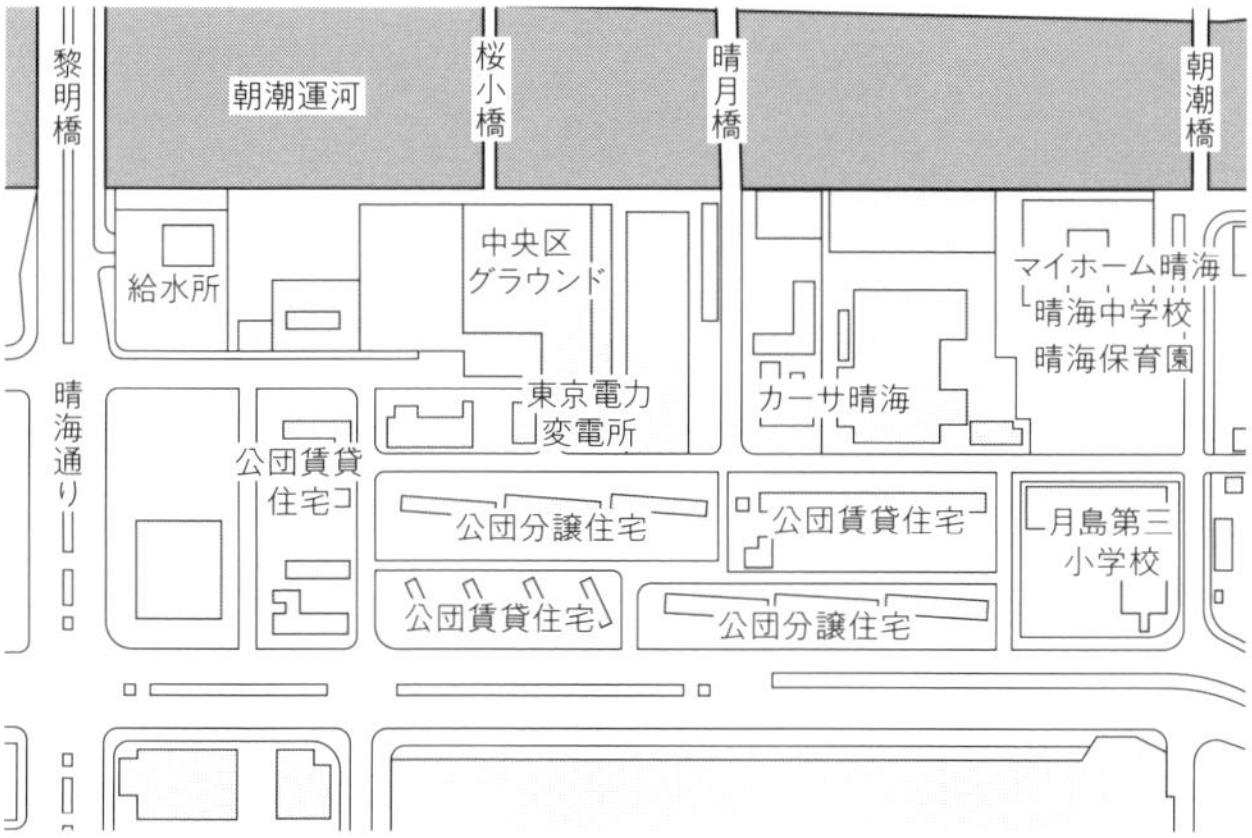

1958年ごろの晴海

戦後の急速な人口増加に対応するべく、日本住宅公団（現・都市整備公団）が晴海に大規模な住宅団地を建設する。戦前は工場労働者層が主体だった晴海に、都心で働くサラリーマン層が加わったことにより、新しい生活環境へと変貌していった

晴海団地高層アパート

晴海団地高層アパートは、建築家・前《まえ》川《かわ》國《くに》男《お》（1905~1986年）が設計した10階建てのRC造である。改装に対応できるよう、内装は木造作で構成。室内には、洋式トイレやステンレスのシンクなどを採用しており、工業化の先駆けとなった。モダニズムの建築群が新たな生活空間を切り開く

★11　40年後、老朽化を理由に東京国際見本市会場と晴海団地高層アパートは建て替えられ、2001（平成13）年には晴海アイランドトリトンスクエアとして竣工、新たな姿に変貌する

★12　2006（平成18）年には晴海大橋が完成し、豊洲、有明などの湾岸地区と直接結ばれるなど、都心方面へのアクセスが向上した

★13　有明地区では鈴木俊一都知事時代に万国博覧会が開催される予定だった。だが、青島幸男が都知事となり、1995年に中止が決定された

02

八重洲はもともと丸の内側にあった

東京駅東側の出入口は「八重洲口《やえすぐち》」と呼ばれ、駅前から東には八重洲通りが延びる。「八重洲」は1600（慶長5）年に豊後国《ぶんごのくに》に（現・大分県）に漂着したオランダ船リーフデ号の乗組員、ヤン・ヨーステンの日本名。八重洲通りの中央分離帯には1980（昭和55）年に記念碑が設置され、オランダ人のヤン・ヨーステンに光が当てられた。2014（平成26）年、八重洲地下街の郵便局の壁がリニューアルされて彼の記念像が置かれ、ヤン・ヨーステンは再び脚光を浴びる。これほど注目されて再登場した背景には、江戸期以来の日本とオランダとの長い友好関係に加え、第二次世界大戦を敵として戦った日本側の関係修復への願いが込められていた★1。

「八重洲」の町名は現在、東京都中央区だけにある。しかし、ヤン・ヨーステンが徳川家康から賜った江戸の屋敷は、東京都千代田区の丸の内側にあった。ではなぜ、八重洲の名が丸の内と反対側に付けられたのか。町の歴史から読み解いていく。

★1　丸ビル南側壁面前のスペースにも、躍動感あふれるリーフデ号の彫刻がある。これは1980（昭和55）年にオランダ政府から日本政府に寄贈されたものである

ヤン・ヨーステン記念碑のそばには「平和の鐘」がある。1988（昭和63）年に東京都中央区が行った平和都市宣言を記念して設置された。上部に26個のカリヨン（鐘）が付いており、午前9時から午後9時まで毎時0分にメロディを奏でる

東京駅八重洲口

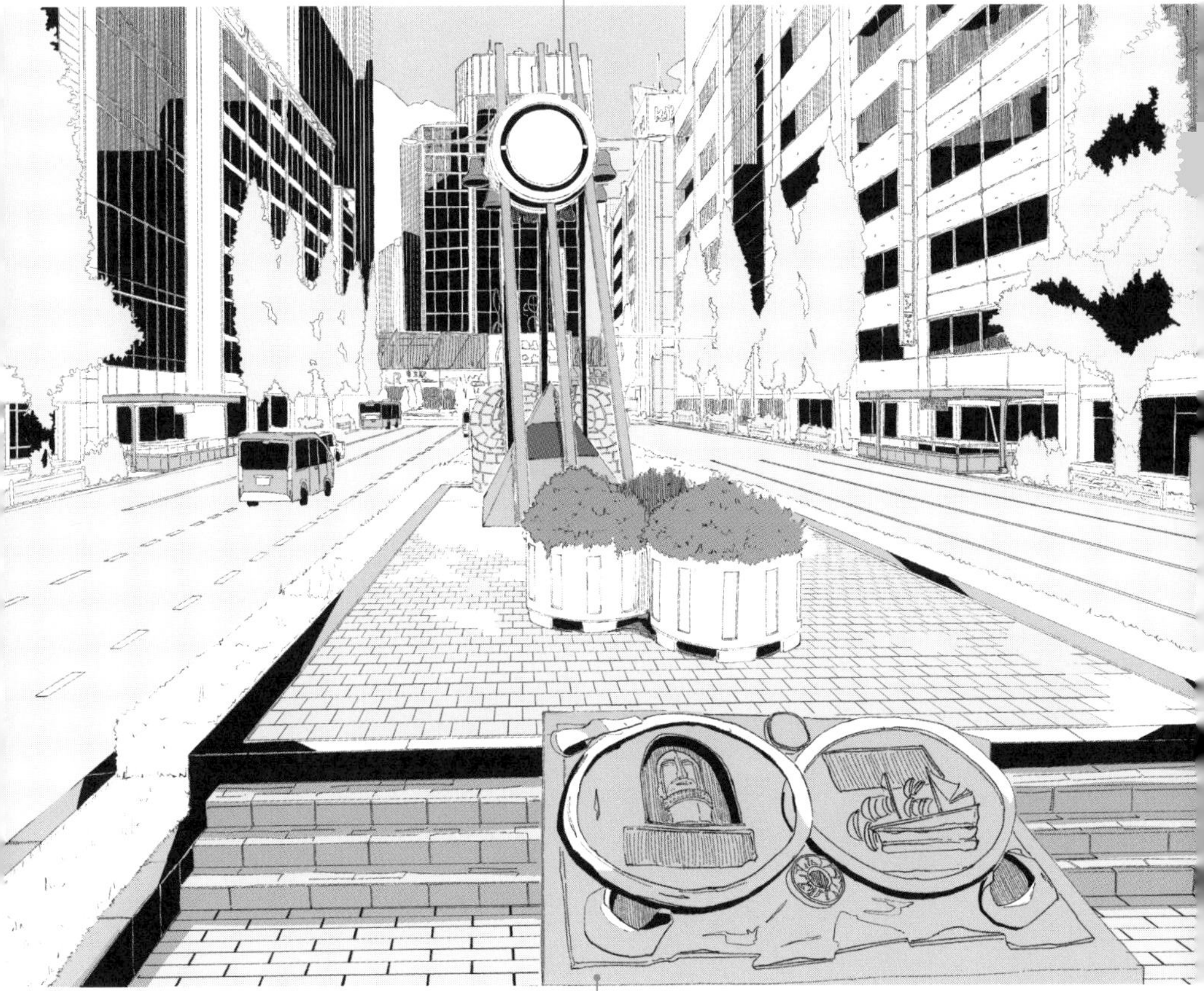

ヤン・ヨーステン記念碑は、八重洲通り（日本橋三丁目交差点）の中央分離帯に設置されている。左がヤン・ヨーステン、右がリーフデ号である

1　江戸期にヤン・ヨーステンの屋敷があった

日本名を「耶楊子《やようす》」（後に「八代洲」、「八重洲」と変化）と称したヤン・ヨーステンは、関ヶ原の戦い（１６００年）のころに日比谷入江の奥、現在の和田倉橋《わだくらばし》が架かる辺りに屋敷を賜った。旧平川（旧神田川の下流）が日比谷入江に流れ込む河口部は、太田道灌《おおたどうかん》★2の時代からすでに重要な湊（港）であり、家康の時代も同様だった。ヤン・ヨーステンに対する家康の配慮と期待がうかがえる。

関ヶ原の戦い以前は、日比谷入江を取り巻くように武家屋敷、町屋が配されていた。日比谷入江は大型船が出入りする舟運の拠点。船乗りで貿易商のヤン・ヨーステンからすれば、海に開かれた最高の土地が与えられたことになる。

関ヶ原の戦い後、彼の屋敷の周辺が激変。家康が征夷大将軍となった１６０３（慶長8）年、日比谷入江埋め立てで地形が大きく変化し、丸の内一帯には主に大名屋敷が配置される。彼が新たに拝領した屋敷は、内濠《うちぼり》（馬場先《ばばさき》濠《ぼり》）を挟んだ和田倉御門の向かい、河岸《かがん》沿いの道を隔て帯状に設けられた町人地の一角にあった。この時期は江戸城がまだ建設途上で、掘割の幅が広い内濠には内海（現・東京湾）から大きな船が直接出入りし、大いに賑わう。内濠の河岸《かし》は大型船が接岸できる岸壁で、屋敷前に自身の持ち船を接岸させることも可能だった。

ヤン・ヨーステンは、幕府の外交に関する助言役として、またその傍ら、朱印船による東南アジア方面の貿易実務者として活躍した。朱印船は、16世紀末から17世紀初頭にかけて日本の支配者の朱印状（海外渡航許可証、現在のパスポート）を得て、海外と自由に交易できる船である。１６０９（慶長14）年、平戸にオランダ商館が開設されると、ヤン・ヨーステンは日本とオランダとの貿易発展に尽力した。

家康が亡くなり、自由貿易の考えは二代将軍秀忠の時代に否定される。外国人は日本国内を自由に行動できなくなった。朱印船による貿易の旨味もなくなり、ヤン・ヨーステンは帰国を決意しバタヴィア（ジャカルタ）に渡る。だが帰国交渉がはかどらず、結局日本へ帰ることになった。★3

★2　室町中期以降に関東で活躍した武将。江戸城や川越城（河越城）などを築城した、築城の名人でもあった
★3　日本に帰る途中で乗船していた船がインドシナで座礁し、1623（元和9）年に溺死する

江戸城と地形（1457年）

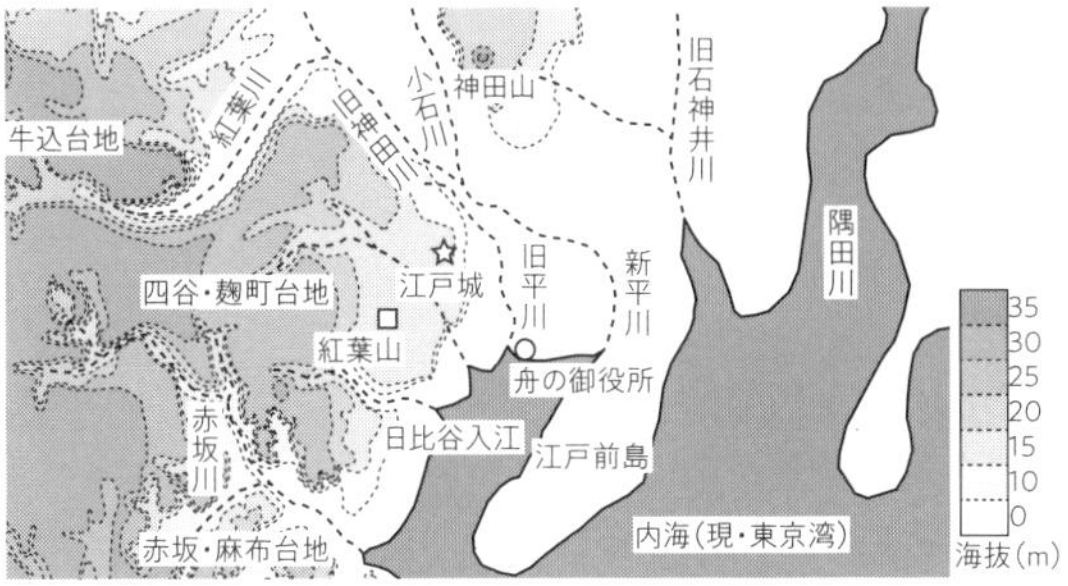

外堀整備前の江戸（1611年）

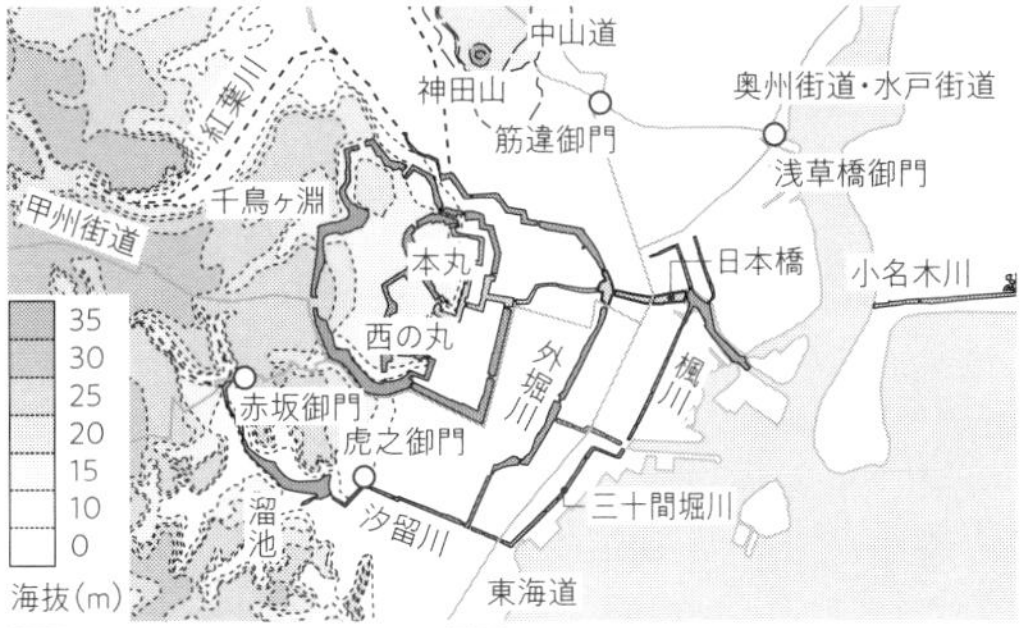

：第1段階［1590年の掘割整備］、 ：第2・3段階［1606・07、11年の掘割整備］、
：寛永期の海面

1607年における江戸城とその周辺の掘割※

貿易港だった日比谷入江は埋め立てられたが、内海からつながる濠を利用して引き続き貿易が行われた

※「慶長江戸図」を参考に作成

2「八代洲」地名の来歴

明暦の大火（1657年）以降、ヤン・ヨーステンの屋敷があった内濠沿いの町人地はすべて取り払われ、丸の内一帯の土地利用は武家屋敷一色となる。河岸《かし》も機能しなくなった。しかし2世紀後、1849（嘉永2）年に制作された尾張屋版「御曲輪内《おくるわうち》大名小路絵図」には、和田倉御門から馬場先御門付近までの内濠沿いに「八代洲《やようす》川岸」の文字が書き込まれる。それ以前の刊行物に「八代洲」（今彌與三《やようす》の名が載った例としては、戸田茂睡《もすい》の地誌『紫の一本《ひともと》』〈1683年ころ〉がある）は、俳人菊岡沾涼《せんりょう》の『江戸砂子《すなご》』（1722年）、幕府編纂の『御府内備考』（1780～1856年）など、ヤン・ヨーステンに由来する河岸の名が絶えることがなく、関心の高さをうかがわせる。だが、外国人が自由に江戸に居を構え、外国と交易できる環境ではない。交易を許されたオランダ商人も長崎の出島に閉じ込められた。

それでも、出島に新しく赴任したオランダ商館長は年に一度江戸城で将軍に拝謁[★4]する。日本国内を道中し、江戸に滞在する機会もあった。想像だが、東海道を来た一行が京橋を渡る辺りで、ヤン・ヨーステンの屋敷はどこにあったのかと、新任の商館長が道中世話をする幕府の役人に尋ねたこと、あるいは、気を利かせた幕府の役人が屋敷跡に関し語りかけたことがあったかもしれない。

1872（明治5）年には江戸期を通して残り続けた「八代洲」の河岸名が「八重洲」の表記となり、現在の丸の内二丁目付近の町名に。屋敷跡あたりは「永楽町」の町名となった。1884（明治17）年、外堀川の呉服橋と鍛冶橋の間に橋が新しく架けられた。丸の内側の町名にちなみ「八重洲橋」。後の1914（大正3）年には東京駅が開業した。

東京駅はその大半が永楽町一丁目にありながら、出入口は「八重洲町口」となる。東京駅の出入口を利用するほとんどの人たちは八重洲町二丁目方面に向かった[★5]。1914年に完成した東京駅は駅東側に出入口がない。そのため不用になった初代八重洲橋は取り壊された。

★4　日蘭交易は、1609（慶長14）年にオランダ使節としてニコラース・ポイクが駿府にいる徳川家康に謁見（えっけん）し、朱印状の交付を受けたことが最初とされ、その後江戸参府がはじまる。同年、オランダ商館が平戸に建設され、不定期に行われていた江戸参府は1633（寛永10）年から毎年春1回と定例化した。オランダ商館が1641（寛永18）年に平戸から長崎の出島に移ってからも江戸参府は毎年続けられ、1790（寛政2）年ま

御曲輪内大名小路絵図

日比谷入江の埋め立てにより拡張された江戸城は新たに外濠がつくられ、既存の外濠が内濠となった。これにより、外濠の区域内のことを「御曲輪内」と指すようになる

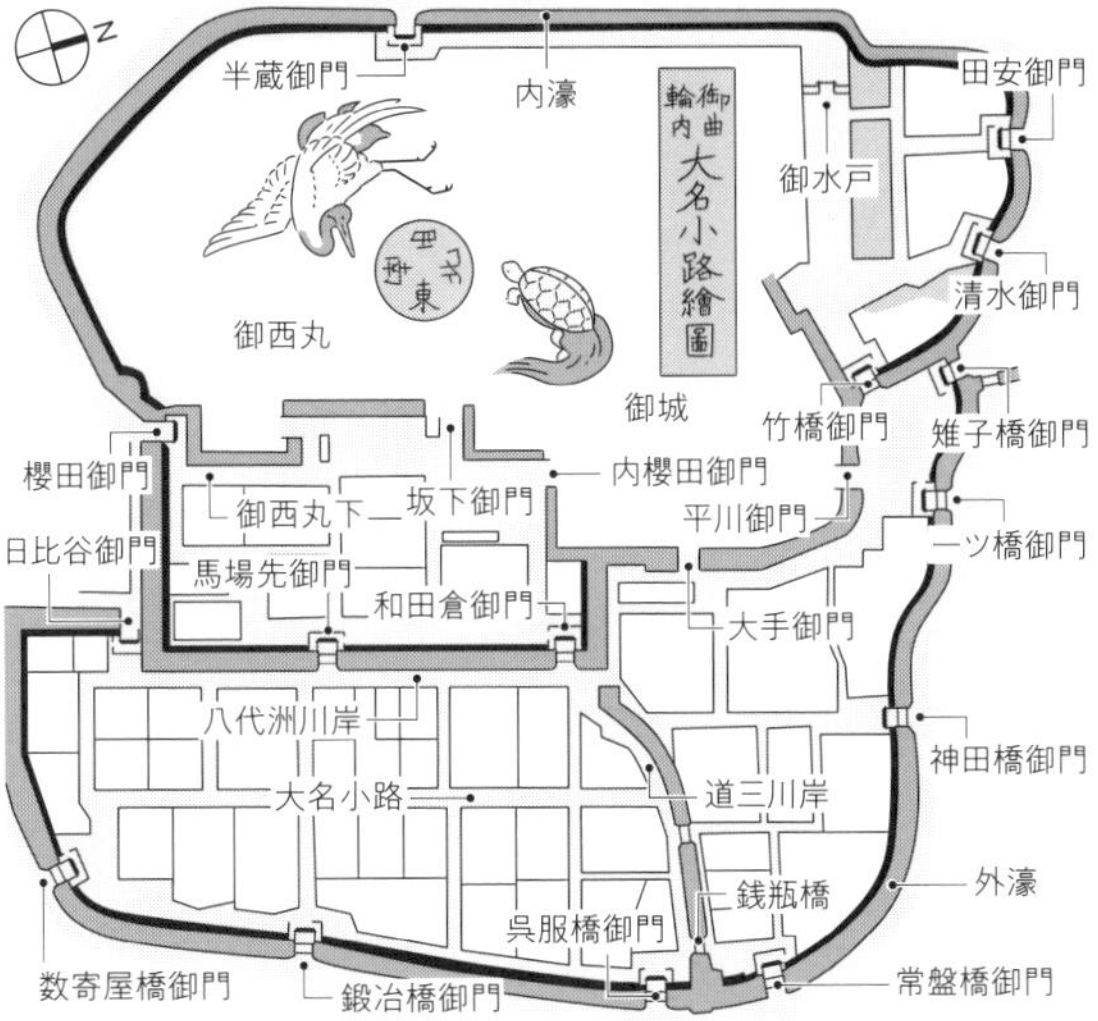

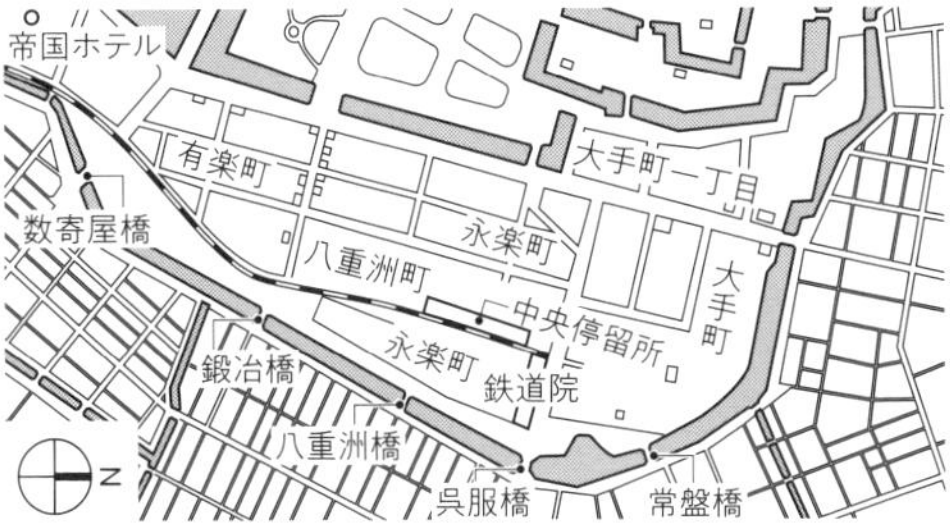

1912年ごろの八重洲周辺

呉服橋と鍛冶橋の間に「八重洲橋」の記載がある

1927年ごろの八重洲橋

1884（明治17）年創架の八重洲橋は、長さ27.3m、幅7.28mの木橋だった。取り壊された後、1929（昭和4）年に長さ38m、幅44mのRC造で再架橋された

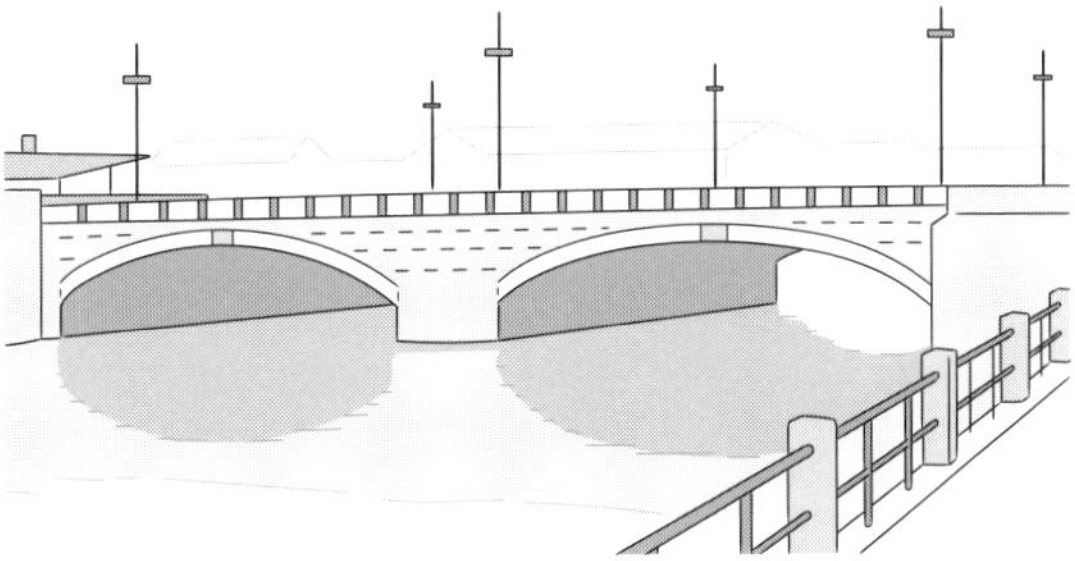

で153回にものぼる。以降は貿易の規模が半減した影響から4年に1回となるが、その後も1850（嘉永3）年まで13回続き、計166回を数えた

★5 永楽町一丁目には、皇居とつながる行幸（ぎょうこう）道路も新たに設けられた。だが、その両側はまだ空地のまま。丸の内の中心は凱旋道路（馬場先通り）の両側であり、その北側の八重洲町二丁目には三菱一号館をはじめすでに多くのビルが建ち並んでいた

3　東京駅の東が八重洲になる

関東大震災後、東京駅の東側が大きく変化する。取り壊された初代八重洲橋と同じ場所に、震災復興事業の一環として再び橋が架けられた。2代目の橋名も初代と同じ「八重洲橋」となる。

1929（昭和4）年、東京駅東側に通路が設けられ、乗車券売場のみだが初めて改札口ができた。同時期、丸の内側にあった「八重洲町」の町名が「丸ノ内二丁目」に変更されたことを受け、東京駅西側の改札口は「八重洲町口」から「丸の内口」に変わる。東側は橋名の「八重洲橋口」に。出入口名として「八重洲」が残る。

旧日本橋《にほんばし》区と旧京橋《きょうばし》区（いずれも現在の中央区）の境界には、関東大震災後の復興事業によって、八重洲橋に向け広幅員の通りが橋と同時期に整備された。通り名は「橋」の字を取り、コンパクトに「八重洲通り」と命名される。しかし、どうして通り名が「八重洲通り」なのか。隅田川河口部から真っ直ぐ八重洲橋にぶつかることから、内海（現・東京湾）と結びつく太平洋を航海した「ヤン・ヨーステン」が思い浮かんだのかもしれない。これにより、丸の内以外の場所でもヤン・ヨーステンの名が広く認知されることになった。

第二次世界大戦後に外堀川が埋め立てられた。1948（昭和23）年には八重洲橋が撤去され、東京駅東側の「八重洲橋口」は「橋」の字が取られた。東京駅は、名実ともに西側が「丸の内口」、東側が「八重洲口」となる。

では、どうして戦後に「八重洲」の町名が中央区で復活したのか★6。それは、戦後オランダとの友好が政治的に重要なテーマの一つとなったからだ。第二次世界大戦中の日本はオランダと戦争状態にあった。戦後の1951（昭和26）年9月、日本は平和条約（サンフランシスコ講和条約）を締結する。この条約にはオランダも署名しており、日蘭両国の友好関係が復活した。

オランダとは、交易を通じ江戸期からの長い友好関係があった反面、戦争での深い傷跡も残した。日本側の最大限の誠意として、住居表示の変更に際し、「八重洲」の名称が区を異にして中央区に復活したのだ。

★6　呉服橋（ごふくばし）と槇町（まきちょう）の町丁名が改められ、中央区に「八重洲」の町名が新たに誕生したのは、6年後の1954（昭和29）年のこと

現在の東京駅周辺

東京駅の西側には八重洲の文字が消え、 丸ノ内の名がついた

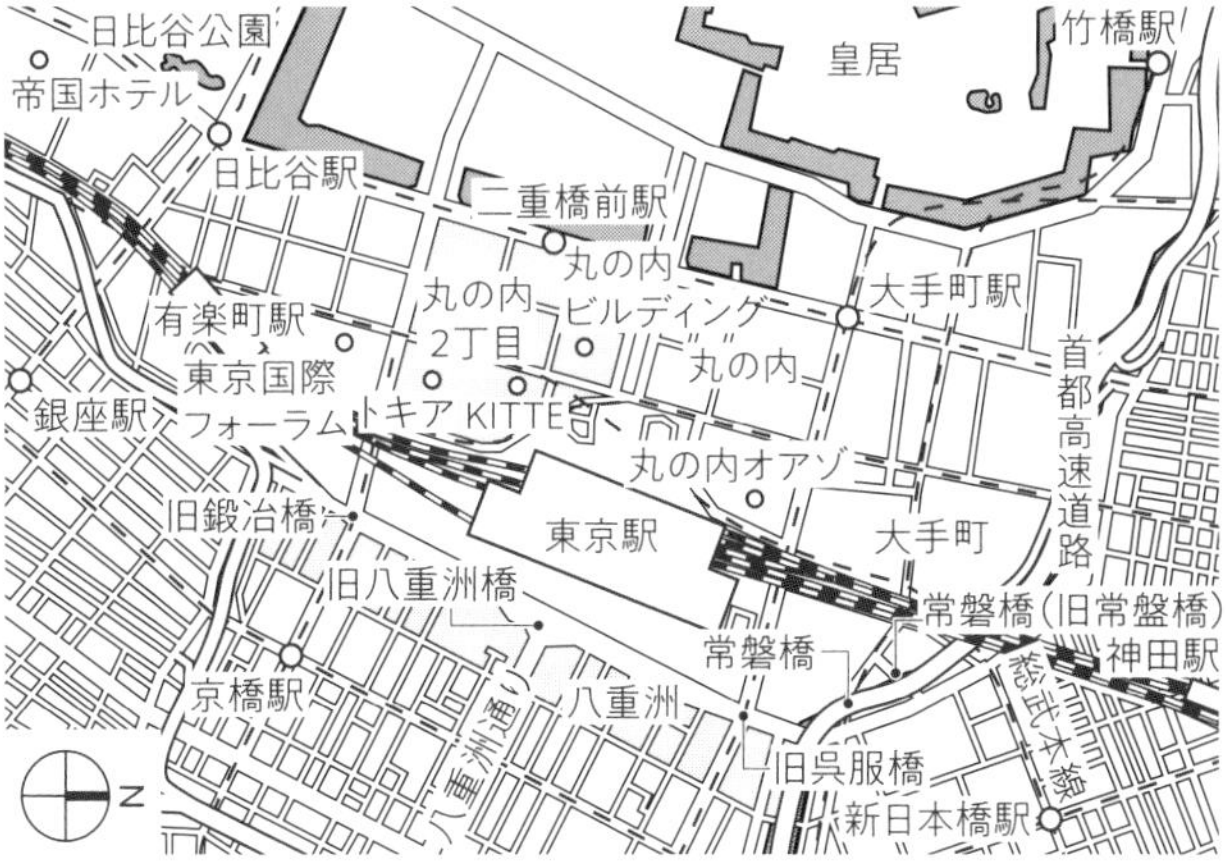

東京駅丸の内口

鉄骨レンガ造によるルネサンス様式でまとめた丸の内駅舎は、 辰野金吾（たつのきんご、 1854~1919年） によって設計された。 1945（昭和20） 年の太平洋戦争で焼失し、 応急の再建だった。 この時の駅舎は、2012（平成24）年に復原された

東京都八重洲口

東京駅前を通る外堀通りは、外堀川を埋め立てて拡幅された。 今も駅と通りに挟まれた土地は千代田区丸の内である

03

有楽町って何？

「有楽町《ゆうらくちょう》」は駅名であり、町名でもある。誰もがよく知る名だが、そのわりに町をイメージできず、駅以外には町の光景が思い浮かばない。

2018（平成30）年、有楽町駅の西側に完成した東京ミッドタウン日比谷は、日生劇場や東京宝塚劇場などの劇場街と共に有楽町一丁目にあるが、日比谷の名で通る。劇場街は、小林《こばやし》一三《いちぞう》★1（1873～1957年）が昭和初期に一大アミューズメントセンターに仕立て上げた時から「日比谷」であって「有楽町」ではない。西側はさらに、フランク永井（1932～2008年）の歌で大ヒットした「有楽町で逢いましょう」をコマーシャルソングとして世に送り出したデパート「有楽町そごう」があった。この辺りには隣接する丸の内のイメージが漂う。駅の東側は有楽町二丁目。ただし、すっかり銀座の一部となってしまい、有楽町の町名はピンと来ない。「有楽町って何」と、素朴に問いかけてみたくなる。

有楽町がどのような変化を遂げたのか紐解いていく。

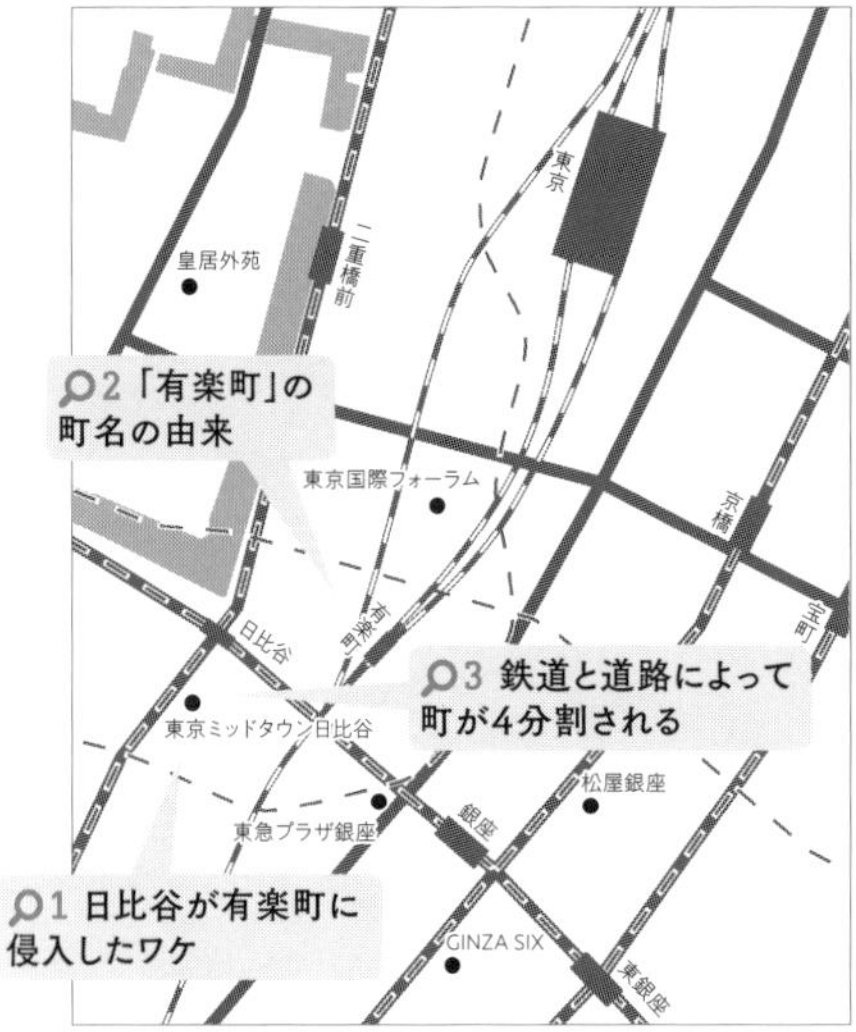

★1 阪急東宝グループの創業者。鉄道事業を中核に、都市開発、流通、観光事業などを広く手がけた実業家

有楽町の西側は東京宝塚劇場や日生劇場などの劇場街が広がる。劇場街の奥には日比谷公園がある

東京宝塚劇場（1934～）

東京ミッドタウン日比谷（2018～）

日生劇場（1963～）

1957（昭和32）年5月有楽町駅前に開店した有楽町そごうは2001（平成13）年からは家電量販店（読売会館）となった

JR有楽町駅

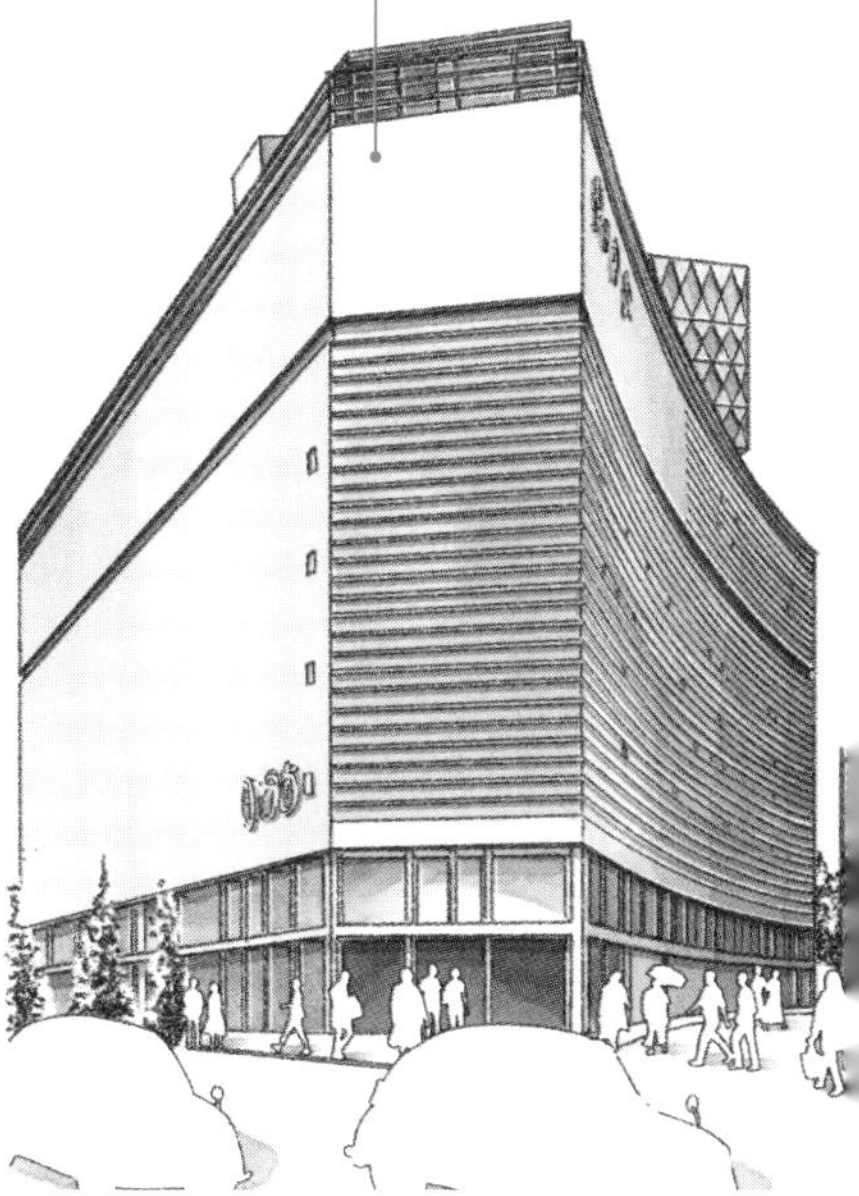

1 日比谷が有楽町に侵入したワケ

「有楽町」も「日比谷」も、私たちがよく耳にする名だ。有楽町は町名だが、日比谷は「日比谷公園」の範囲だけ公園名が町名となる。ただし、有楽町一丁目にある複合ビル・日比谷シャンテ、２０１８年（平成30）にオープンした東京ミッドタウン日比谷など、有楽町一丁目に「日比谷」の名が付く建物は多い。建物や施設のほか、店舗にも日比谷の名が目につく。ある種ステータスとして付けられた日比谷の名。駅前に有楽町ビル、新有楽町ビルがあるが、有楽町の名は広がりを見せていない。

「日比谷」の原点は、「日比谷入江」のころに遡る。この辺りが遠浅の入海だった１６００（慶長5）年以前のこと。この入海は外海である現在の東京湾と比べてはるかに波穏やかで、古くから海苔《のり》の養殖にうってつけの自然環境だった。海苔の養殖は竹の棒を海中に刺し、そこに取り付いた海苔を採取する。その棒を「ひび」と呼び、浅い海の風景から、その入江を日比谷入江と呼んだ。ただ、ここまでの展開はあまりポジティブな名ではない。たかだか「ひび」の名じゃないかということになる。日比谷の名はいつ消えてもおかしくなかった。

　関ヶ原の戦い（１６００年）後に日比谷入江は埋め立てられた。浅瀬の一部を濠《ほり》として残し、その一つを「日比谷濠」とする。ほかにネーミングの候補はなかったのか。ここで歌心のある御仁が別の名を提唱すれば、現在の日比谷の名はない。一度名が残ると、その名に付随して「日比谷御門」「日比谷櫓《やぐら》」と日比谷の名が援軍を得て定着。明治期、霞が関の大名屋敷が陸軍の練兵場となり、名前は「日比谷練兵場」に。後にドイツ式の近代公園が設けられた。「日比谷公園」と命名し、「日比谷」の存在感はさらに増す。

　しかし、日比谷公園の町名は「霞が関」でもなく「有楽町」でもない。「日比谷公園」と公園の名がそのまま町名となった。日比谷通りを隔てた向かいの街区は関東大震災でほぼ壊滅する。そこに関西から阪急電鉄の小林一三が乗り込み、一大アミューズセンターに変貌させた。その際、「日比谷」の名を盛り立てた。

1457年の江戸

現在の千代田区にある丸の内、有楽町、日比谷公園の辺りが日比谷入江だった。また、江戸前島と呼ばれる半島が南に延びる

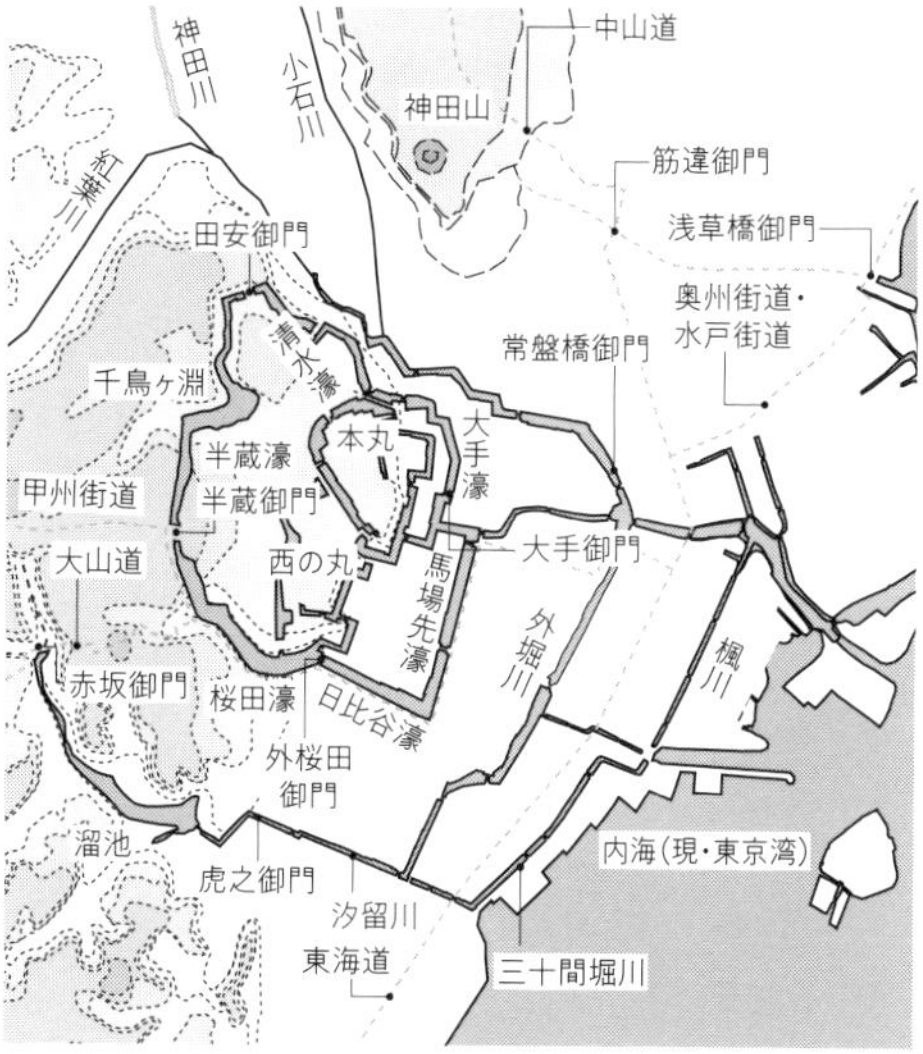

1611年の江戸

日比谷入江は埋め立てられ、内濠が整備された。「日比谷濠」として日比谷の名が残る

2「有楽町」の町名の由来

有楽町駅は、1910（明治43）年に東海道本線の駅として開業した。駅名は町名の「有楽町」。町名の由来は、茶人で知られる織田有《う》楽斎《らくさい》★2（1547～1622年）の名前からという。

なぜ「有楽斎」が「有楽町」なのか。どうやら火元は1772（明和9）年刊の『再校江《さいこうえ》戸砂子《どすなご》』のようだ。この地誌には、数寄屋橋御門外に有楽斎の屋敷★3があり、後に有楽原《ゆうらくがはら》と呼ばれたとの一文が載る★4。『再校江戸砂子』は菊岡沾涼《きくおかせんりょう》（1680～1747年）の『江戸砂子』をもとに校正が重ねられたもの。火元は菊岡沾涼まで遡る。ただし、『江戸砂子』にも1687（貞享4）年刊行の『江戸鹿子《えどかのこ》』（藤田理兵衛作）という下敷きがあった。これをベースに菊岡沾涼が筆を振るう。長い年月をかけてほかの執筆者の手が加えられるなか、「有楽斎の屋敷」「有楽原」の一連の創作物語は生き残った。

数寄屋橋御門外の数寄屋町《すきやちょう》は、明暦の大火後に火除地（明地）となり★5、呉服橋方面に移転して「数寄屋町」の町名を引き継いだ。1710（宝永7）年には火除地だった場所が再び町場となり、「元」の字を冠して「元数寄屋町」とする。

数寄屋町の町名の由来には「数寄屋建築をつくる大工がいた」、あるいは「御茶道坊主《おさどうぼうず》の居宅が多い」との2説がある★6。現在の銀座エリアにあった「数寄屋町」は後者のほうが有力。想像にすぎないが、火事で空地となったことから「数寄屋ヶ原」とでも呼ぶのが一般的だ。しかし、誇り高き御数寄屋坊主から、自分たちの名誉ある職名を原っぱに使うなと反発があったかもしれない。それではと、茶の湯の数寄屋に最もぴったりの御仁、有楽斎の名を拝借し「有楽原」に落ち着く。真意はともかく、有楽斎が江戸に屋敷を構えたとの憶測も渦巻く。菊岡沾涼はその話に乗り、魅力的な物語に仕上げた。

『再校江戸砂子』はよく売れた。その後、幕府編纂《へんさん》の地理誌『御府内備考』が『再校江戸砂子』の一節を引用したことで、公私共に知られる存在となる。知名度とお墨付きが後ろ盾となり、明治期には町名となり、駅名にもなった。

★2　織田長益。「有楽（斎）」はその雅号。織田信長の弟の1人
★3　慶長のころ（1596～1615年）にあったとされる
★4　寛永のころ（1624～1644年）に明地となった

凡例
濠、火除地

1657年以降の有楽町周辺

もともと有楽斎の屋敷があったとされた数寄屋橋御門外の土地は火除地となる

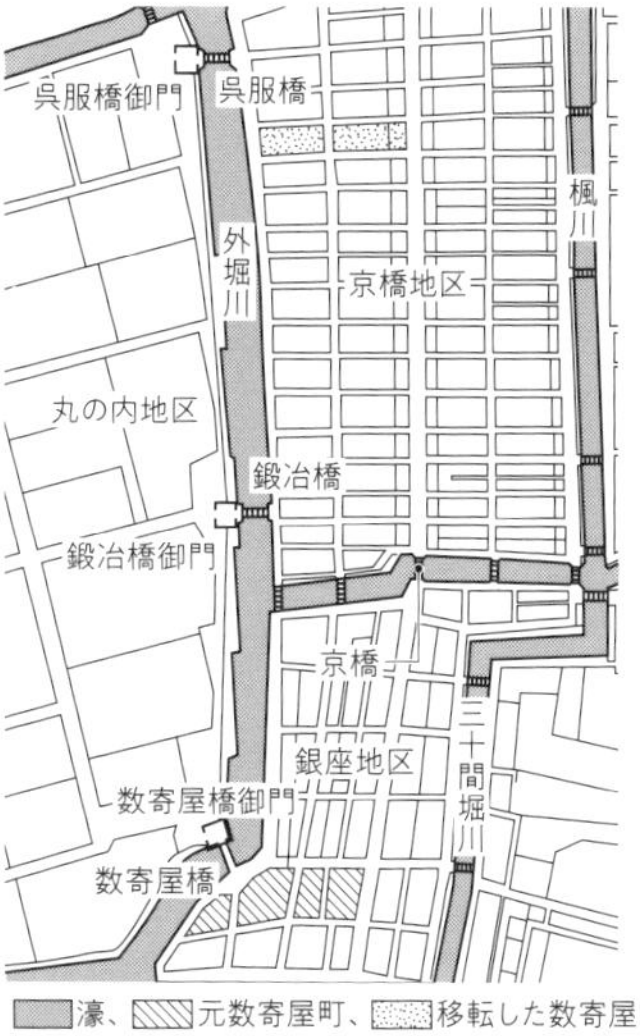

凡例　濠、元数寄屋町、移転した数寄屋町

1710年ごろの有楽町周辺

明暦の大火後に数寄屋町は北へ移転した。火除地だった数寄屋橋御門外はその後町場に変化し、「元数寄屋町」となる

★5　数寄屋町は、明暦の大火後の元禄年間（1688~1704年）に現在の晴海通りの南側が火除地（明地）となる

★6　たとえば、現在の名古屋市西区にある数寄屋町は御茶道坊主が多く居住することから、はじめ「御茶道町」と称した。後に御茶道坊主の別名御数寄屋方から数寄屋町に町名を変更した

3 鉄道と道路によって町が4分割される

現在の丸の内は現代建築が建ち並ぶ超一等地。その始まりは、三菱が１８９０（明治23）年に丸の内にある陸軍用地８万４０００坪の払い下げを受けたこと。有楽町駅は三菱が所有する土地の一部に設けられた。この土地は江戸期阿波徳島藩25万石の外様大名蜂《はち》須《す》賀《が》家の上屋敷から、明治期に入り陸軍の練兵場となる。練兵場の南側は土地を所有する三菱が払い下げ後に松杭など基礎工事用資材の置場として使った。三菱の資材置場の北側は東京府庁舎（現・東京国際フォーラム）となる。

鉄道が通るまでの有楽町駅周辺は、交通の便が大変悪かった。馬車鉄道が通る大通り（東海道、中央通り）までは、馬場先通りから鍛冶橋を渡るか、数寄屋橋から行くルートに限られ、土地の利用価値が低い。不便な場所だが、外堀川に面していることから、船で松杭などの資材を直接運び入れることができた。重く大きなものを運び入れて保管するには、最適な場所。１８９４（明治27）年に竣工する日本最初のオフィスビル・三菱一号館★7を建設するために、基礎として打ち込む松杭や足場材の置場とした。それが、有楽町の駅と高架線路が完成してから様変わりする。

有楽町は鉄道敷設により、銀座に隣接する有楽町駅東側の有楽町二丁目と皇居のある西側の有楽町一丁目とが分断された。さらに、関東大震災後には晴海通りが倍の広さに拡幅され、有楽町一丁目が日比谷側と丸の内側に分かれる。

江戸期の大名屋敷の名残が感じられる場所は、現在有楽町一丁目の晴海通り北側、丸の内と隣接する一角だけ。駅前には、有楽町ビル、有楽町電気ビルと、町名と同じ「有楽町」を冠したビル名が目につくものの、晴海通りを渡った南側に町名である「有楽町」の名は一切使われていない。

かつて霞が関と丸の内を分離させていた堀割は、現在日比谷公園内の「心字池」として、江戸期の濠の面影を残す。この公園内にある石垣の上から有楽町方面を見渡すと、丸の内と一体だった江戸期の武家地の光景が、今の有楽町の風景と不思議と重なり、浮かび上がる。

★7　同所には現在、三菱一号館を再現した三菱一号館美術館（2009年竣工）が建っている

1880年ごろの有楽町周辺

1880（昭和55）年ごろには、外堀川の内側だったエリアが陸軍の練兵場として利用される。そのほか、国の行政機関が構えるようになった

★陸軍練兵場、☆陸軍関連施設

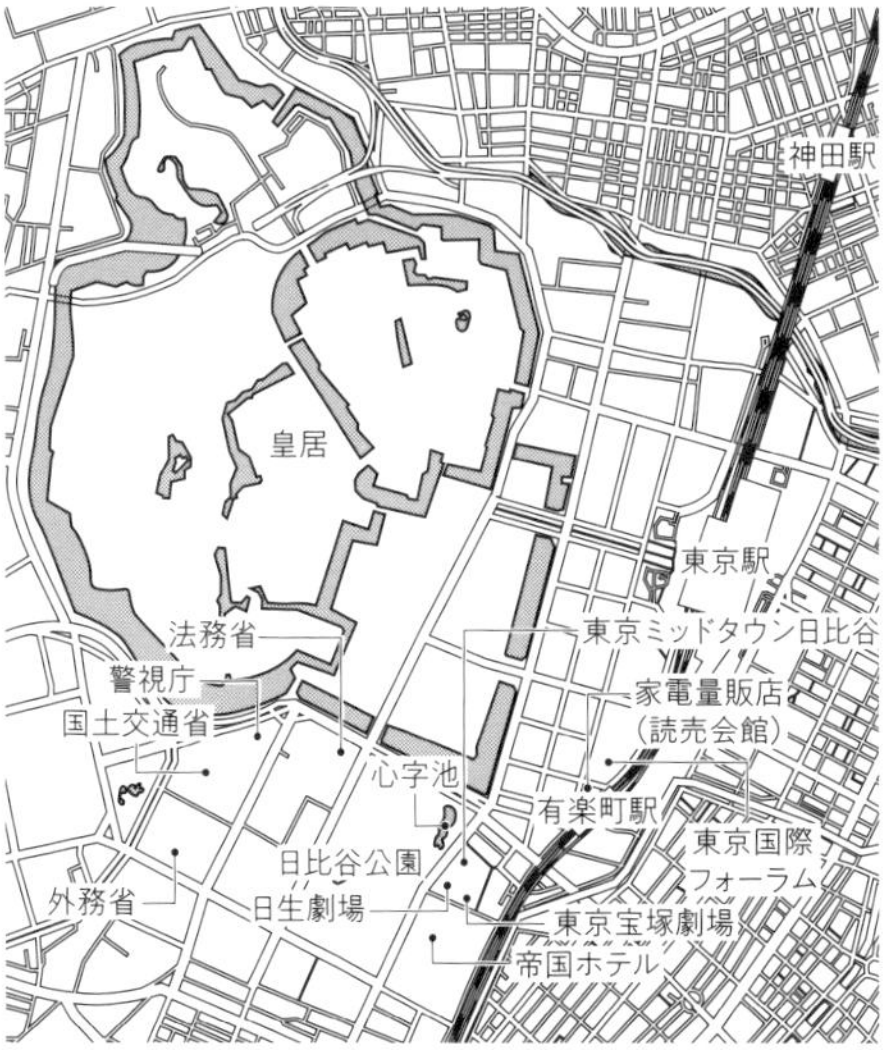

現在の有楽町周辺

明治期の土地利用のまま、現在も皇居の周囲には行政機関が残されている。練兵場だった場所は三菱の資材置場になる。その後、資材置場跡には駅ができ、周辺が商業・業務空間へと開発された

04

新富町はなぜ色香が漂い続けるのか

町というのは面白いもので、わずかな年数で町から消えた花街《かがい》の残像が、かたちを変えた〝雰囲気〟としてどことなく維持され続けることがある。そんな1つが新富町《しんとみちょう》だ。

明治初期、政府の主導により、町全体が新《しん》島原《しまばら》遊郭《ゆうかく》となった。しかし、明石町《あかしちょう》にできた築居留地《つきじきょりゅう》★1には湊がなく、外国の商社に敬遠されて教会やミッションスクール★2が中心の町となった。数年で消滅した遊郭跡地には、猿若《さるわか》町《ちょう》から移転した歌舞伎の森田座（守田座、後に新富座）が建設される。風前の灯《ともしび》だった花街が息を吹き返した。関東大震災（1923年）により、新富座は焼失、廃座となった。さらに、遊郭の空間を象徴する広幅員の通りと郭堀《くるわぼり》の入船《いりふね》川が姿を消す。それでも、東京大空襲による焼失を免れた新富町は、花街の妖艶さと町のにぎわいを保ち続けた。待合★3が料亭や料理屋に変わるなか、戦後、遊郭以来の独特な雰囲気が今も伝え続けられるのはなぜか。歴史から紐解く。

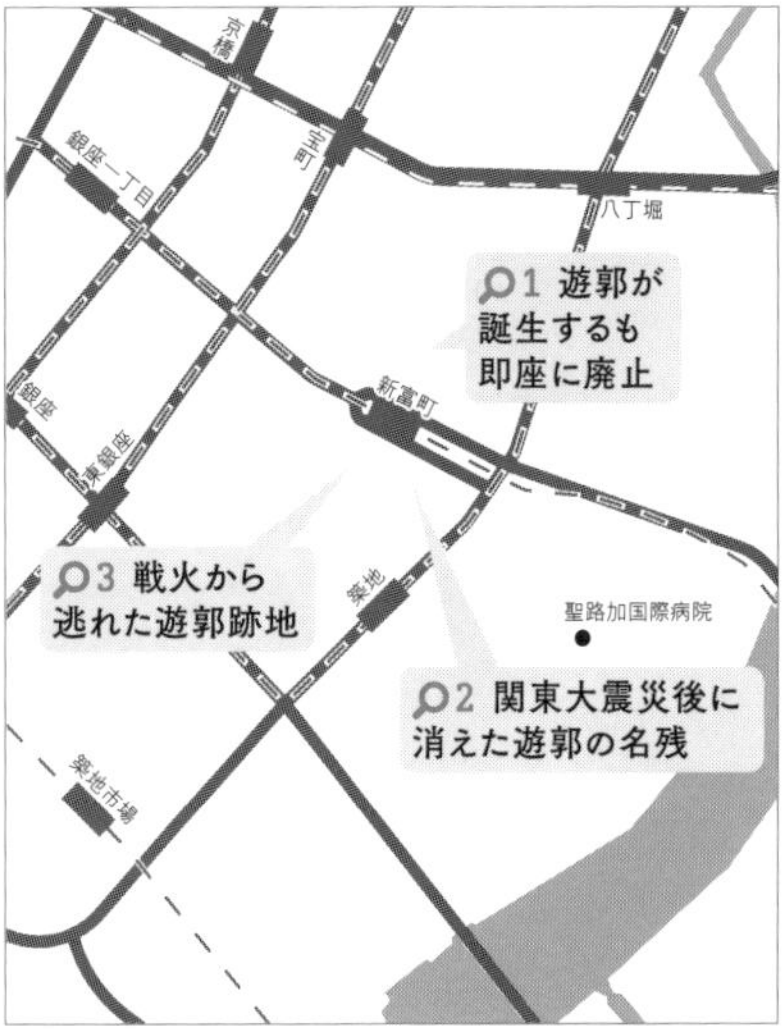

★1　政府が外国人に対して居留や交易などの自由を許可した区域
★2　キリスト教系の学校のことで、主にキリスト教圏以外の土地で設立されるものを指す

1869（明治2）年ころの新島原遊郭。大門から延びる仲之町通りは、幅18mものにぎわいのあるメイン通りで、通り沿いには遊女屋が建ち並んだ。花魁道中なども見られ、公家や旧士分の者など身分が高い人らの遊興の場として栄えた

1871（明治4）年には遊郭が吉原や根津に移転。それを機に劇場（新富座）が設けられた。文明開化が進んだ当時、街灯にはガス灯が広まり、劇場内でも同様にガス灯が使用されていた

築地居留地は徳川幕府が瓦解する直前の1867（慶応3）年に開設に踏みきる。しかし、居留地としての体裁は明治期に入ってからのことである

★3　芸妓との遊興や飲食を目的として利用された場所。売春防止法（1957年）で不許可となる

1　遊郭が誕生するも即座に廃止

「徳川四天王」の1人、本多忠勝《ほんだただかつ》（1548～1610年）らを輩出した本多家は、関ヶ原の戦いまでに6つの系列に分かれ、それぞれ大名家を起こしている。その分家の1つに近江《おうみ》膳所藩《ぜぜはん》7万石の康俊《やすとし》系本多家がある。この大名家は明治期以降に新富町となる町の大半を占める上屋敷（1万8307坪）として江戸初期から構えた。本多家の屋敷と、東側に隣接する2485坪の信濃須坂藩《しなのすざかはん》堀家上屋敷を合わせた、2万坪を超える土地（現・新富町全域）が遊郭の範囲となり、新島原遊郭が誕生する。1868（明治元）年、現在の明石町一帯に築地居留地が設けられたとき、そこに出入りすることになる外国人を客として見込んでのことだった。新島原遊廓には1869（明治2）年当時で130軒もの遊女屋があり、京都の島原や浅草の新吉原にも匹敵する規模といわれた。しかし前述（38頁）のとおり、築地居留地には主に領事館・教会・学校が設けられたことで、新富町の新島原遊郭誘致はミスマッチとなり、明治政府の思惑は大きく外れた。現在の青山学院大学、立教大学、明治学院大学などのミッションスクールは、この築地居留地を発祥地とする。聖書やキリスト教神学を課目として教え、礼拝などのキリスト教活動を主体とする学校が建ち並ぶ環境下では、遊郭のお客どころか、猛烈な反対に見舞われた。新島原遊郭は、思い通りの集客が得られず1871（明治4）年6月に取り払いを命じられた。多くの芸妓は新吉原や根津に移る。だがわずかに残った芸妓と置屋が、幻のように消え去った新島原遊郭後の花街を維持した。翌年の1872（明治5）年に新富座が開場する。周囲には芝居茶屋が並び、花街が息を吹き返した。

　入船川に架けられた新船見橋跡のすぐ先は八丁堀（後の桜川）である。八丁堀は江戸の経済を支える物流拠点に特化し、掘割《ほりわり》に沿って河岸《かし》地と町人地が細長く沖に延びる。元禄期に名を馳せた紀国屋文左衛門《きのくにやぶんざえもん》も八丁堀沿いに大きな店を構えていた。江戸から東京へ、都市の名が変化しても、明治初期の経済を支える中心的な商いの場の1つが目と鼻の先にあった。

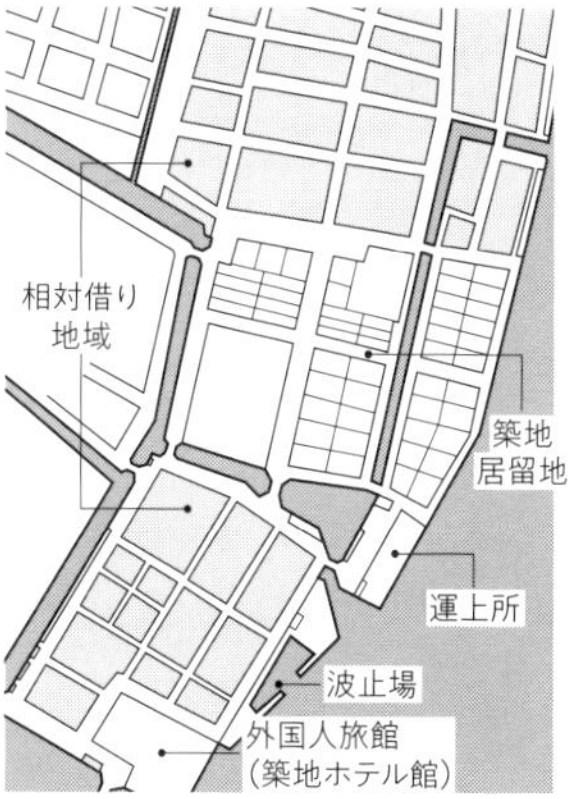

**1869年ごろの
築地居留地の略図**

塗りつぶされた区画が相対借り地域（外国人が日本人の家屋に住む地域）として最初に整備された。1869（明治2）年ころから人が住み始め、その間にあった区画が居留地として設定されるようになり、外国人が住むための洋館が建てられた

1880年代ごろの築地

現在、聖路加国際病院本館が建つエリアには、現在の立教大学や立教女学院があった

現在の入船川跡とその周辺※

※『川と掘割“20の跡”を辿る江戸東京歴史散歩』（PHP新書、2017）を参考に作成

2 関東大震災後に消えた遊郭の名残

1872（明治5）年に「新富《しんとみ》」の地名が生まれる。江戸初期に掘られたカギ形に曲がる三十間堀川《さんじっけんほりかわ》の北側に白魚河岸《しらうおがし》があり、その対岸に「大富《おおとみ》」と呼ばれる町があった。小さな町場だが、金運を呼び込みそうな名。また、すでに遊郭はなかったとはいえ、新島原の名も花街としての再起には捨てがたい。それぞれ1字ずつとり「新」と「富」としたという。★4

関東大震災後には新島原遊郭の名残が2つ消えた。1つは、遊郭を巡っていた入船川。現在の新富町に新島原遊郭が1868（明治元）年に開設された時に新たに掘られたもの。遊郭を巡る郭堀《くるわぼり》の役割があり、通称「御歯黒溝《おはぐろどぶ》」とも呼ばれた。遊郭は数年で廃されたが、「新島原」の名は語り継がれる。郭堀は残り、1882（明治15）年には入船川として拡幅整備された。平均幅員約11・6m（平均6・4間）に拡がった。入船川は関東大震災後の帝都復興土地区画整理事業により、新大橋通りが33mに拡幅された。その時の代替地として、1924（大正13）年に埋め立てられた。入船川沿い東側の河岸地と隣接していた旧道が現在の新大橋通りの一部となる。だがよく見ると、埋め立てられた入船川の痕跡は、現状から思いのほか読み解ける。新大橋通りの西側は、河岸地部分だけを道路拡幅したにすぎず、新大橋通りに面してビルが建ち並ぶ細長い宅地は入船川の跡だ。宅地の西側に接する道は入船川が埋め立てられる以前からある遊郭の名残をとどめる古い道である。

もう1つは、遊郭に入る大門《おおもん》前から延びるメインの通りが変化した痕。この通りは遊郭内にあり、18mもの広い道幅だった。東京下町は帝都復興計画の区画整理を中心に道路の拡幅が行われたが、新富町では18mの通りが11mに狭められた。この変化は極めて珍しく、遊郭の骨格が薄らぐ。一方、1904（明治37）年には、茅場町《かやばちょう》方面から築地に抜ける市電（築地線、1970年廃線）が南北方向に通され、道幅が広げられた。この道に面して森田座（新富座）が設けられ、多くの人でにぎわう新たな町の軸となった。

★4　「新」のほうは的外れではなさそうだが、定かではない。単に新しい「新」かもしれない

新島原遊郭之図

遊女の逃亡を防ぐため、遊郭の周りには堀が設けられた

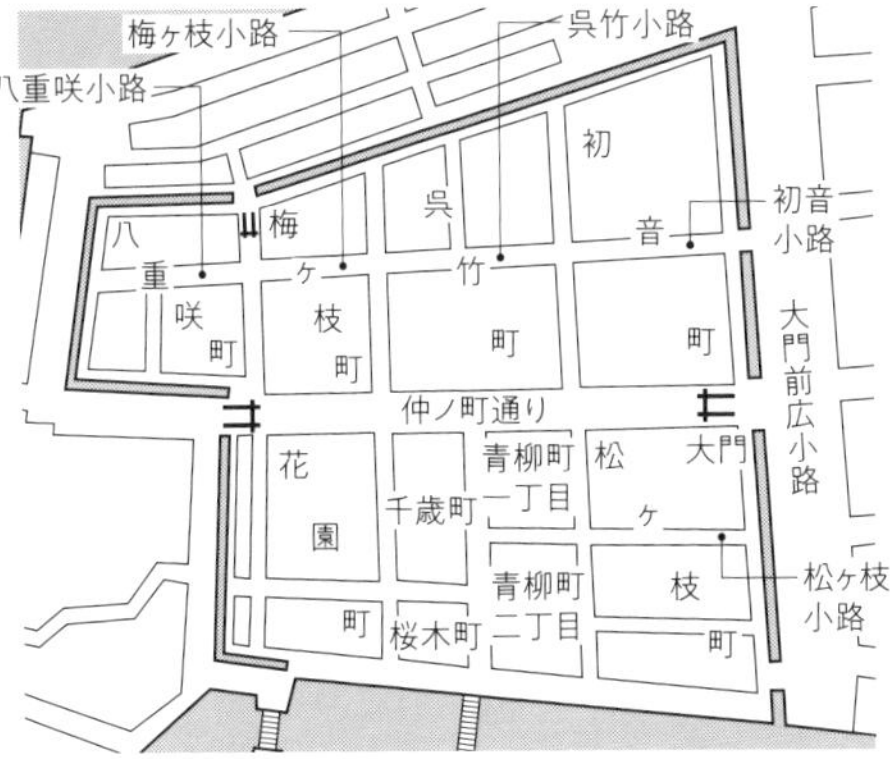

御歯黒溝(おはぐろどぶ)は幅が5m以上もあった。門の外には橋が設けられているが、通常は折りたたまれており、板の表面(裏側)には釘のようなものが付いているため簡単に外に出ることはできなかった

1918年ごろの新富町

町には市電が通された。八丁堀、新富町は現在も駅名として残っている

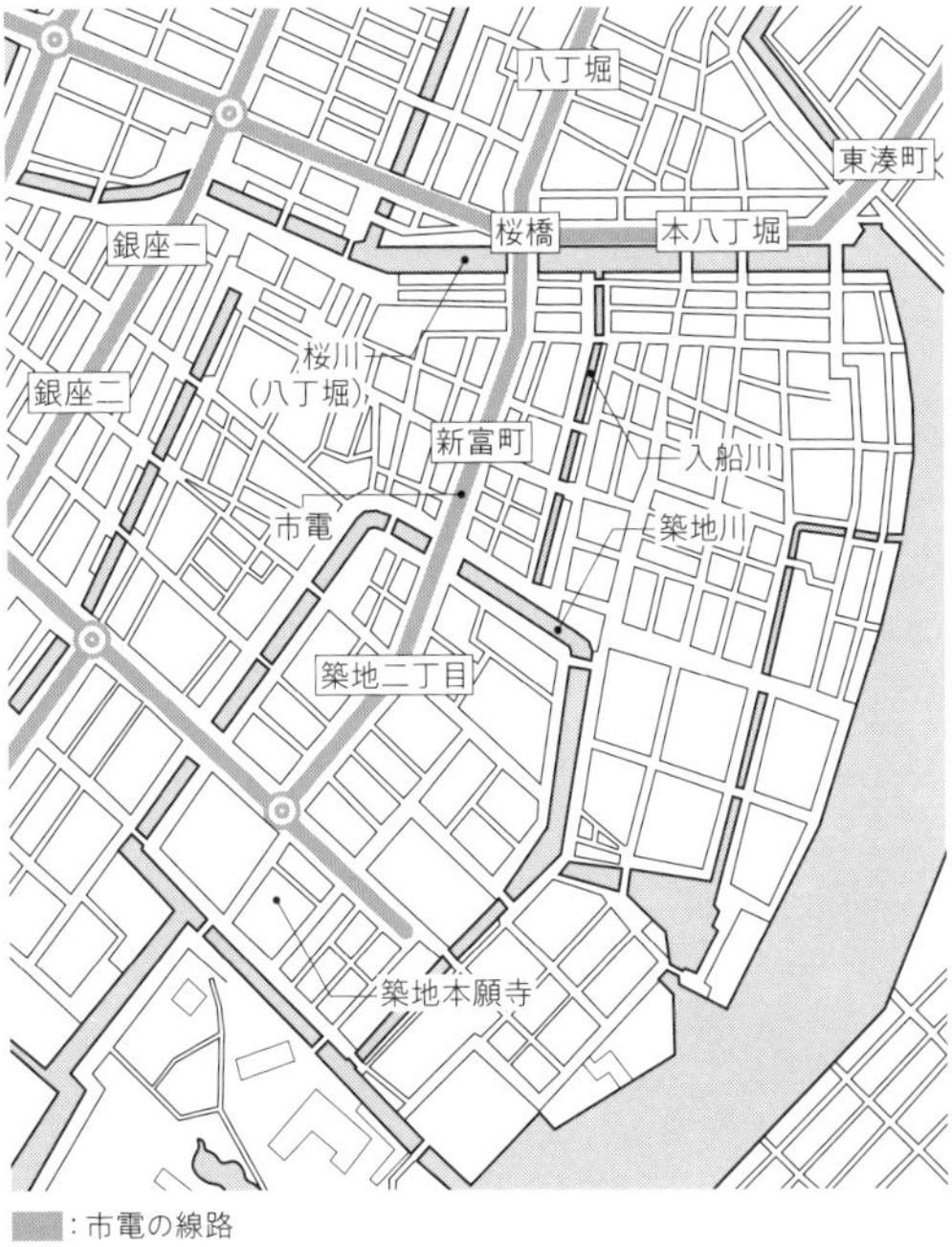

3 戦火から逃れた遊郭跡地

1876（明治9）年、新富座は、火元となった数寄屋町（現・中央区八重洲一丁目）から南東の方向へ吹く風に煽られた火の手により、類焼する。しかし、その後にガス灯を配備するなど、3年がかりで近代劇場に変貌した。★5

1910（明治43）年には松竹が京都から東京に進出し、新富座を買収する。本社社屋は新富座と道を挟んだ隣、築地川に面して建てられた。その余勢で、1889（明治22）年開場の歌舞伎座を1914（大正3）年に直営とし、関東大震災以降「邦楽座」（現・丸の内ピカデリー）、「東京劇場」を相次ぎ開場させる。昭和初期の火災保険図を見ると、松竹のお膝元となった新富町には66軒もの待合が記され、花街としてのにぎわいがしのばれる。

1945（昭和20）年の東京大空襲で新富町には焼夷弾が落ちず、幸い戦火から逃れた。すぐ近くに聖路加国際病院があったからだという。遊郭の誤算が思いがけず別のかたちで精算されたことになる。戦後も花街の妖艶さが町から消えることなく、検番★6も1975（昭和50）年ころまで存続した。20世紀初めからアメリカで流行《はや》りだしたスクラッチタイルの看板建築、下見板張りの町家など、戦前からの建物が町の雰囲気を醸し出し続けている。

1956（昭和31）年には、松竹が本社ビルとなる松竹会館を築地に完成させ、映画全盛の時代の幕開けとともに、華やかさを一身に受けた新富町の近代が終わりを告げた。それでも感性を研ぎすませば、時代の重層感が豊かに町に甦る。超高層ビルが林立する都市空間では味わえない町の厚みを満喫できる。

掘割に沿った古い道沿いには新島原遊郭時代からの新富稲荷神社が残る。★7遊郭がなくなり荒廃した神社を1872（明治5）年に守田座（新富座）の十二代目守田勘弥《かんや》が再建し、現在も鎮座する。★8新富橋交差点角地には、出桁《だしげた》造《づくり》★9の古い建物で商う、足袋の老舗「大野屋」が店を構える。★10能・歌舞伎の役者から芸妓まで、多くの足袋がつくられ、花街の〝足もと〟を支えてきた。

★5　新富座は日本で初めて夜間の芝居興行を行った

★6　芸者の取次、芸者置屋の取り締まりなどをする事務所

★7　妓楼（ぎろう）の中万字楼（ちゅうまじんろう）の脇に祀られ、店の名を取って中万字稲荷と呼ばれた

看板建築

看板建築とは、昭和初期の都市部で商店を建てる際に流行した建築様式の1つ。建物自体は木造町屋だが、その建物正面を銅板やモルタル、タイルなどで覆った造りになっている

町屋

下見板張りとは、板を水平、もしくは各板が少しずつ重なるように張った板壁のこと

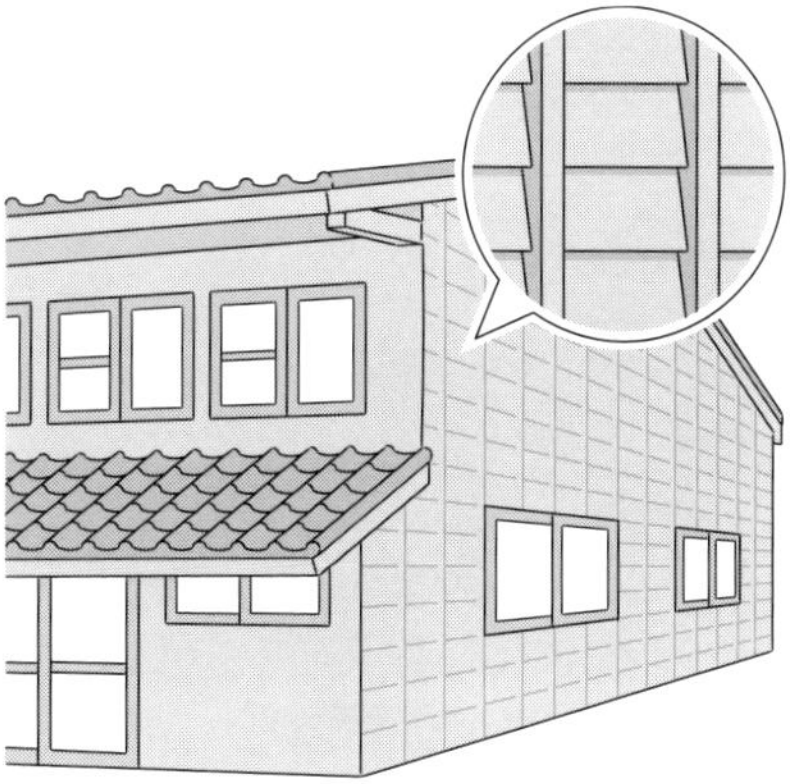

現在の新富町とその周辺の様子

新富町周辺を巡っていた掘割はすでに埋め立てられてしまったが、三方が高速道路と公園になり、掘割の痕跡を今に伝える

★8　小さな境内に歌舞伎役者・7代目坂東三津五郎（1855~1961）の奉納した手水舎（ちょうずや）もある
★9　梁または腕木を側柱より外に突出して、その先端に桁を出した構造
★10　安永のころ（1772~81年）に創業し、1849（嘉永2）年から新富町に進出した

05

4つの岬がせり出す神田三崎町

神田《かんだ》三《み》崎町《さきちょう》は関東大震災に遭遇した悲惨な町だ。「建物被害」★1「出火元と火の手の経路」★2を示す関東大震災の2枚の地図が興味深い。まず「建物被害」の地図から見ると、神田エリア西側に位置する三崎町周辺の悲惨さが一目でわかる。日本橋川の北側、神保町から三崎町にかけての低地一帯は、広い範囲で多くの木造家屋が倒壊し、他に比べ全壊した建物が際立つ。

火災も建物倒壊とほぼ同時に発生した。東京市内全体では71カ所が火元となり、火災の延焼エリアを広げた。「出火元と火の手の経路」を見ると、軟弱な地盤の地域で倒壊した木造家屋が多く、そこからの出火が目立つ。出火が多発した軟弱な地盤エリアは主に3カ所。かつて浅草田圃と呼ばれた浅草寺北側の低地一帯、本所・深川の掘割近く、そして三崎町周辺。これらは東京市街を火の海にする出火元となった。特に三崎町周辺は主な火元が8カ所と多く、この狭いエリアで東京市全体の1割以上にのぼる。飛び火による延焼も5カ所あり、神田川を越えて延焼し、湯島方面を焼き尽くした。

★1　警視庁建築課が作成した『東京付近ニ於ケル木造建物被害分布図』（1923年、公益財団法人後藤・安田記念東京都市研究所所蔵）

関東大震災に遭遇した神田三崎町

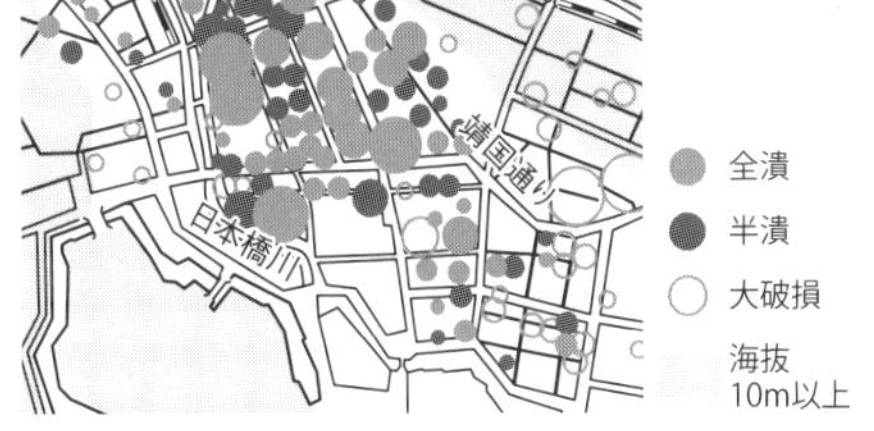

関東大震災による建物被害を示した図。神田三崎町の建物はほとんど全壊した

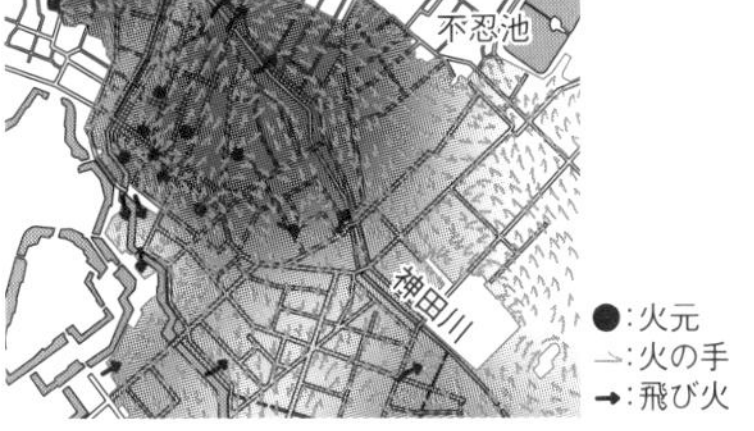

大地震で発生した火災の出火元と火の手の経路を示した図。 神田川を越えて延焼したことがわかる

★2　東京帝国大学罹災者情報局が作成した『帝都大震火災系統地図』（1923年、公益財団法人後藤・安田記念東京都市研究所所蔵）

1　4つの「崎」（岬）がせり出す

「三崎《みさき》」の名の由来は3つの「崎（岬）」からとされる。三崎町は本郷台地、牛込台地、四谷・麹町台地、さらに小石川・目白台地が迫り出す南側に位置する。これでは4つの「崎」となり、「四崎《よさき》」では語呂が悪い。ただし、「杉」のつくり「彡（三）」はいくつも並んで文様をなす意味が含まれる。「三」をこのように解釈し、「三崎」に落ち着いたのか。

4つの台地は、後に外濠となる紅葉川、神田川、小石川が台地を削り取り分離した台地の姿。気候が温暖化する縄文中期以降は、縄文海進がはじまり、海面が上昇。縄文後期の年間平均気温が最も高い時期は、現在の海面より7～8mも高かった。紅葉川、神田川、小石川は水面下に消え、3つの入江が谷の奥深くまで入り込む。4つの台地の斜面上には現在縄文の遺構が数多く発掘されてきた。その後、温暖だった気候が寒冷化に向かい、有史以前の姿をあらわす。再び幾度となく斜面を川が削り取った。

徳川家康が江戸に入る1590年以前、紅葉川が合流した神田川と小石川は北から南に下り、日比谷入江に注いでいた。現在の三崎町とその南側一帯は大量の水が常に流れ込む氾濫原。周辺に比べ地盤が低く、水深の浅い沼だった可能性がある。1883・84（明治16・17）年に作製された『参謀本部陸軍部測量局五〇〇〇分の一東京図原図』（国土地理院所蔵）から、1m、0・5m単位で示された数字をなぞり等高線を引くと、低い土地の様子がよりクリアに描きだせる。そこは川から運ばれてきた堆積土砂による軟弱な地盤であり、肥沃な土壌であるとしても人が暮らせる場所ではなかった。徳川幕府は、このような状況を何とか打開しようと、江戸初期の三崎町を舞台に、人の住める環境へと改善する大規模プロジェクトを展開させる。その大掛かりな試みは、神田川の流れを江戸の東に位置する隅田川に流す開削工事（1620年）であり、紅葉川を外濠として整備し神田川の新たな流路につなぐ工事（1636～39年）だった。

江戸期に人が住めるようになった三崎町だが、関東大震災のときには地盤の脆弱さが牙をむく。三崎町は大規模な被害を受けた。

神田三崎町を取り囲む4つの台地

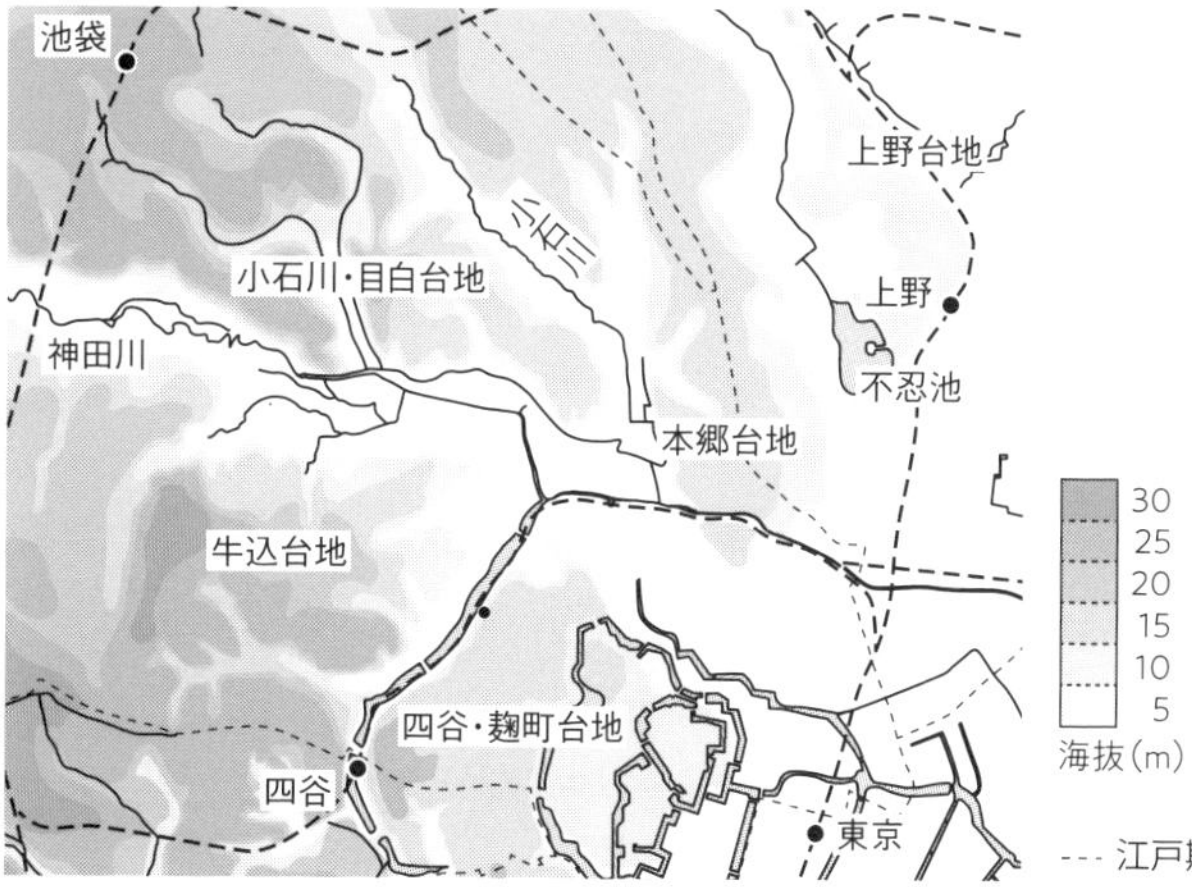

4つの台地の間から流れ下る川が神田三崎町あたりに集中する

『参謀本部陸軍部測量局五〇〇〇分の一東京図原図』

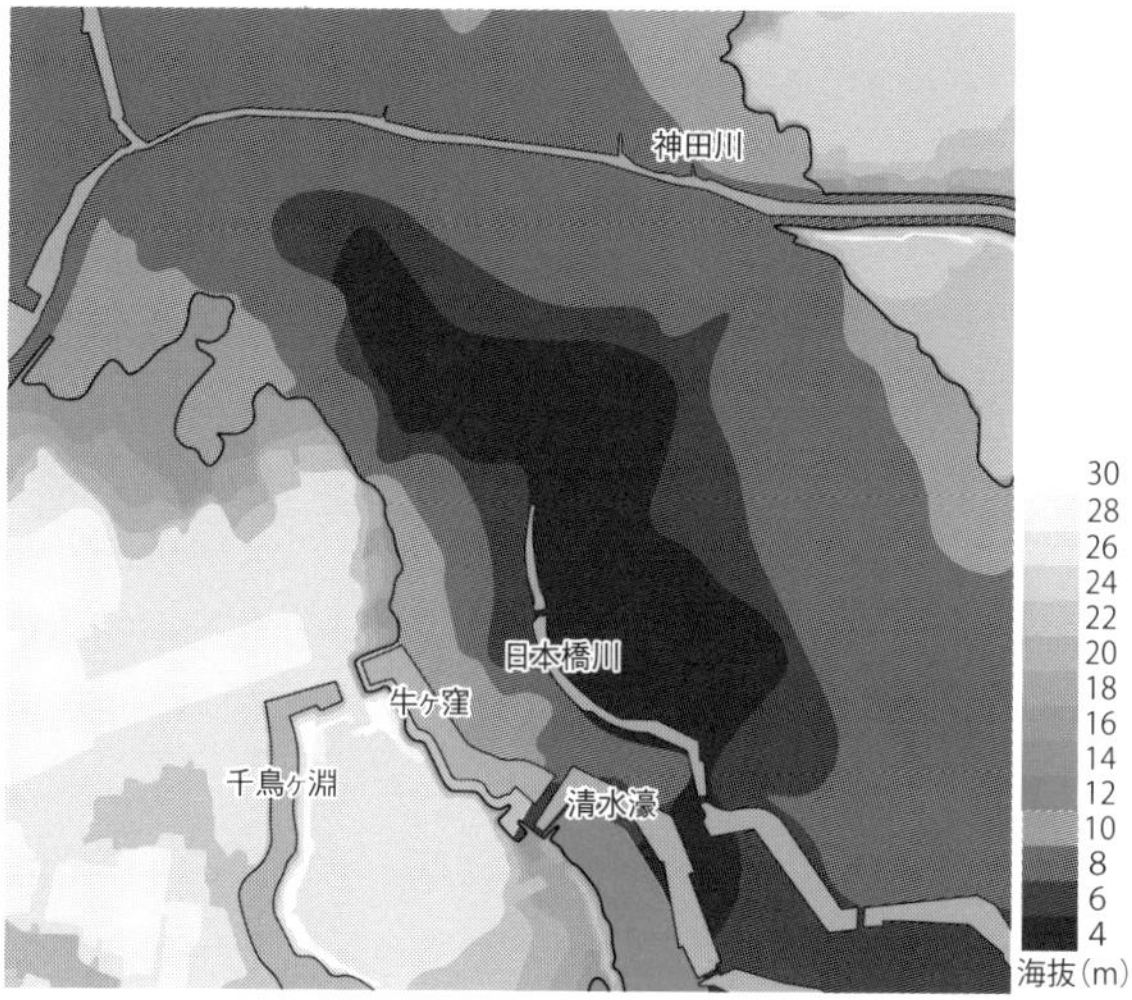

低地など高低差が少ない場所は要所に海抜の数値が1m、0.5mの単位でランダムに記してあり、それを参考に等高線をより細かく引くと、地盤の低い土地が浮かび上がる

2 神田三崎町周辺が市街化

家康は江戸で最初の上水である小石川上水を大久保《おおくぼ》忠行《ただゆき》（生年不詳〜１６１７年）に命じて整備させた。駿河台下を徳川家家臣団の居住地と定め、人が住める環境を整えた。

二代将軍となった秀忠は、日比谷入江の埋め立てにより成立した丸の内の武家地が洪水に遭わないよう、１６２０（元和６）年に本郷台地を東西に掘割り、神田川、小石川の流路を東に変更し、隅田川に直接流れ込ませた。日比谷入江に注ぎ込んでいた旧神田川は、現在日本橋川に架かる堀留橋あたりで堀留となり、川の流路が消滅する。このことで、寛永期の三崎町一帯に居住できる可能性が生まれ、後に武家地として変貌する。

１６４３（寛永20）年の「寛永江戸全図」を見ると、旧神田川の河道跡がまだ一部残り続け、大雨の時には洪水を起こす危険性が大いにあった。だが、たとえ水に浸かる心配があっても、寛永期は膨れ上がる武士の人口を受け入れる土地の開発が江戸の都市経営上大きなウェイトを占めるようになっていた。

三崎町の土地を拝領して屋敷を構えた大名は、水戸徳川家御連枝の一つ、讃岐高松藩松平讃岐守家。１６４３（寛永20）年、松平讃岐守家は丸の内の大名小路に面した東側に上屋敷を賜り、三崎町には下屋敷が置かれた。ただし、下屋敷は住める環境ではない。神田川が洪水により氾濫し、旧河道に流れ込む要の場所に配されていたからだ。後に下屋敷を上屋敷とし、中屋敷を上屋敷の東側に賜る。利水を担当する水戸徳川家に対し、松平讃岐守家は治水の矢面に立たされることになり、治水を司る役割を担った。ちなみに、下屋敷は現在の港区白金にある５万坪以上の広大な土地を新しく賜った。

高松藩松平讃岐守家上屋敷は明治に入り陸軍練兵場に変わる。神田川を挟んだ対岸の水戸徳川家上屋敷は、明治維新後に庭園を残し、それを取り巻くように武器を製造・修理する東京砲兵工廠（砲兵工廠第一砲兵方面）の工場群が建ち並んだ。神田川を挟み、両側に軍の施設が立地する。ただし、三崎町の陸軍練兵場の方は、１８９０年に三菱に払い下げられ、商業地として土地利用転換がなされた。

「寛永江戸全図」でみる神田三崎町

東京砲兵工廠の建物は関東大震災で甚大な被害を受け、復旧することなく小倉へ移転した。1935（昭和10）年になると、株式会社後楽園スタヂアムに土地が売却される。2年後の1937（昭和12）年には野球場、遊園地、競輪場などが設けられ、一大レジャーセンターに変貌した。これが現在の東京ドームと後楽園遊園地の原点だ

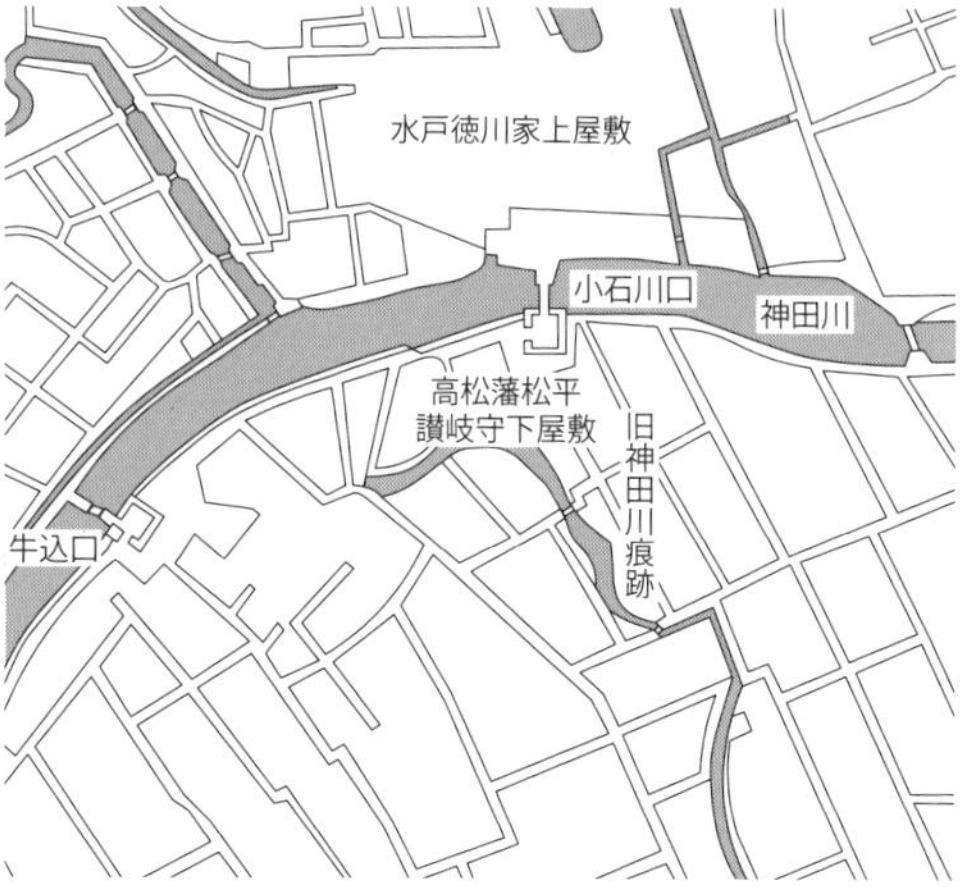

五千分一東京図測量原図でみる神田三崎町

広大な大名屋敷跡地と神田川の舟運の利便性は、神田川を挟んで陸軍の施設を集中させた

3 丸の内開発に向けた実験場に

1890（明治23）年に三菱が手に入れた三崎町の広大な土地では、丸の内の都市開発に向けたさまざまな実験が試みられた。三崎町の練兵場跡地は街路計画が新しくなされ、主要街路の両側に煉瓦造の建物が連続的に建ち並び、近代的な都市空間が出現した。★3 1891（明治24）年にはアーク灯★4が街路沿いに設置される。劇場の誘致にも熱心だった。三崎座に続き、川上《かわかみ》音二郎《おとじろう》・貞奴《さだやっこ》一座《いちざ》の川上座が1896（明治29）年に開業、2000人収容の歌舞伎の大劇場を備える東京座も1897（明治30）年に開業した。木挽町《こびきちょう》にある歌舞伎座や浅草ロックの劇場街の向こうを張った一大興行街が誕生する。

1892（明治25）年、堀留にされていた日本橋川の開削と、飯田町を終着駅とする甲武鉄道（現・中央本線）の延伸計画が市区改正委員会に提出され、水陸両交通の拠点づくりが三崎町の対岸で目論まれた。1893（明治26）年には、駅舎と一体化した入堀の船溜所が運用を開始。飯田町駅は日本橋川、神田川、隅田川をリンクさせ、東京西の郊外を鉄道で結ぶ物流システムの重要な拠点となる。三崎町にとっては追い風だった。しかし、1912（明治45）年に万世橋駅が開業してからは、拠点が東に移る。

実験の舞台として華やかな都市空間を描きだした明治期の三崎町だが、関東大震災では壊滅的な被害を受ける。帝都復興計画が事業化されたが、三菱が開発した造成地であるという理由から、三崎町は東京での新たな都市計画から外される。一方地主の三菱は、丸の内の開発を順調に進め、行き先不透明な三崎町の開発に本腰を入れず、借地する住民に土地の売却を積極的に進めた。

三崎町は、1945（昭和20）年の東京大空襲で再び被災する。1970（昭和35）年、「三崎町再開発中高層化」という大規模な再開発構想の動きがあり、まちづくりのチャンスが訪れた。しかし、細分化された地主層をまとめ、三崎町全体を大規模に再開発する試みは頓挫する。現在の三崎町は三菱が明治期に描いた都市骨格を維持したまま、小規模なビル群で構成する都市空間にとどまり続けている。

★3　下水道が東京でまだ普及していない時代、煉瓦の下水溝が道路下に埋め込まれ、下水道が設けられた
★4　電気の放電を利用した照明

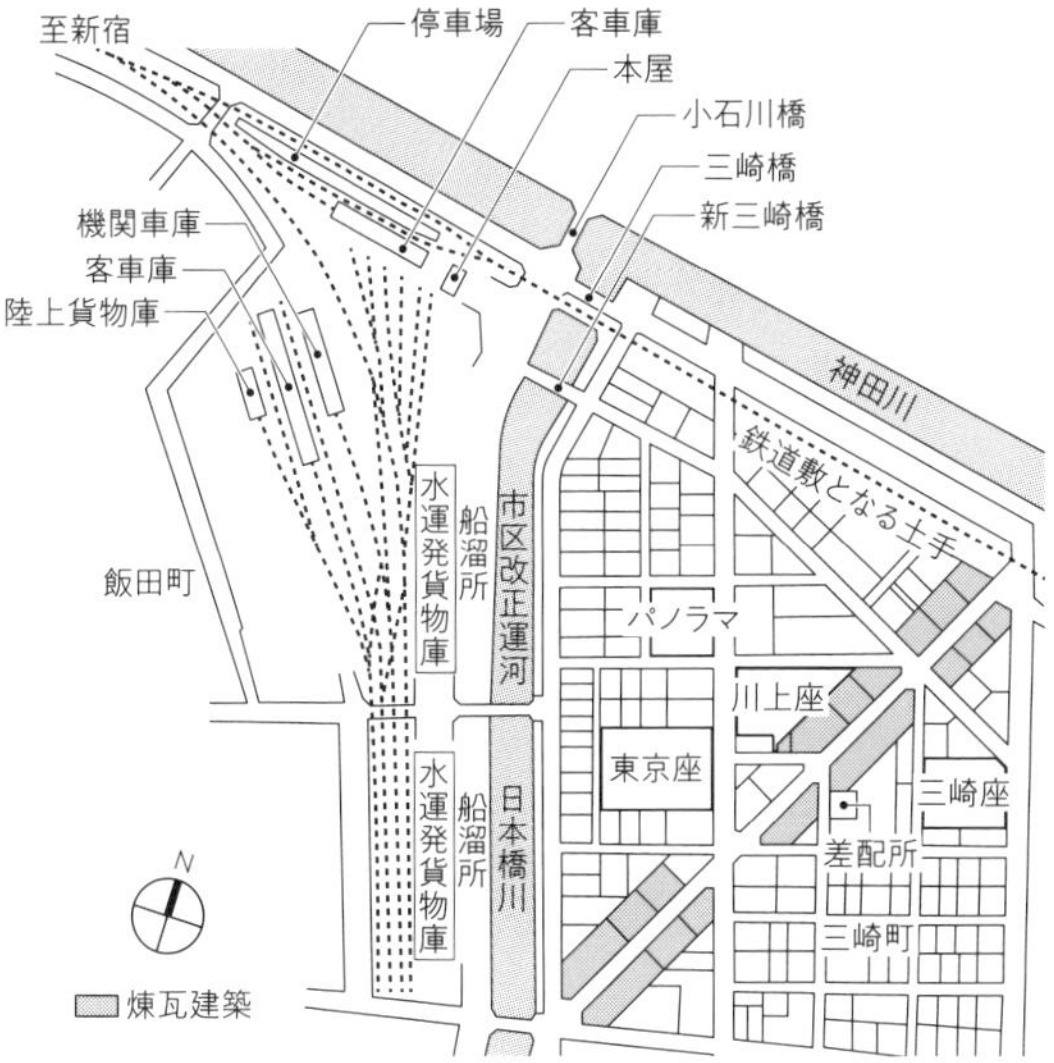

都市計画の実験場となった神田三崎町

基本は周辺の町との整合性を考えグリッド状に道路が通された。だが、一本だけ不自然に斜に街路をつくりだす。斬新だが不効率な街区が発生する。現在も、斜めに通された道路は残り続ける

1897（明治30）年に設立された東京座。九代目市川団十郎や市川猿之助をはじめ市川門下の若手俳優や幅広い層の役者が興行を行った。1915（大正4）年に廃業する

06

古書店が南を背にして建つ 神田神保町

神田《かんだ》は本の街として知られる。その中心が神保町《じんぼうちょう》。靖国通りの南側に、不思議と連続して書店が並ぶ。大学が数多く集まる学生の街だったことで、世界有数の本の街に押し上げられた。近代になって神田から本郷《ほんごう》に移った東京大学の前身は、湯島聖堂《ゆしませいどう》。これが「大学街」の始まりである。ただし湯島聖堂は文京《ぶんきょう》区湯島にある。さらに、本郷通りを挟んで湯島聖堂と隣り合う神田明神《かんだみょうじん》は、千代田《ちよだ》区外神田である。神田明神と湯島聖堂との行政界はS字を描くように引かれ、神田のイメージをあいまいにさせる。

明治初期の行政区分「大区小区」を見ると、興味深いエリア分けがされた。「旧神田区」は、第一大区（中央区など）、第四大区（文京区など）、第五大区（台東《たいとう》区など）と、3つの大区に分かれていた。旧神田区の境界は鳥が飛ぶ姿に似ているといわれるが、3つの大区の一部が切り取られて1つにまとめられた姿でもあった。なぜこのような歪《いびつ》な境界線となったのか。また、どうして古書店街が靖国通り南側に並ぶのか。歴史から紐解く。

神田明神の祭礼「神田祭」は、江戸期、祭礼の際に山車などが江戸城内まで練り込み、将軍も楽しんだ。山王祭と並ぶ天下祭だった。武家地では見物客のために桟敷席を設けて見物させた

神保町（古書店街）

神田明神

江戸期、武家屋敷が並んでいた旧神田区は、明治期に多くの古書店が進出し、現在の町並みを形成することとなる

1　江戸期には存在しなかった「神田」の名

「神田」の名は古いが、町名としては1878（明治11）年の郡区町村制により東京15区が誕生した時からのもので、比較的新しい。江戸期には「神田」という明確なエリア区分はなかった。★1　1871（明治4）年、東京は行政区分として「大区小区」に分けられた。神田エリアは第一、第四、第五と3つの大区に分割され、それぞれの地域特性が現れている。第一大区は日本橋など商業の中枢として、連続性のなかで成立する。第四大区は神田川で分断されるが、本郷台地の連続した武家地という共通のイメージでまとめられた。第五大区は浅草の寺町、上野の寛永寺門前、低地に成立する武家地のイメージが強く、商業の中枢である第一大区とは神田川を境にイメージが異なる。

　神田明神が属している大区は、本郷台地を中心とした第四大区。確かに、地形から判断するとなるほどと納得してしまう。だが、江戸期以前から続く神田明神と神田の町との関係は行政上分断され、神田明神が孤立する。神田明神の氏子にとっては「何だ」ということになる。地形や江戸期の土地利用からすれば、3つの大区区分に不自然さはない。現在でさえ、地域特性は明確に3つに区分できる。それをあえて1つの区にまとめる強い意識は神田明神の存在に他ならない。湯島聖堂との間に引かれたS字の行政区分が如実にそれを物語る。

　本郷通り（旧中山道）を隔てて神田明神の向かいに位置する湯島聖堂は、どうして神田エリア（旧神田区）に入らなかったのか。『東都歳時記』（1838年刊）を参考に江戸期の神田祭のルートを再現すると、まず湯島聖堂の敷地沿いを一周してから祭の行列がスタートした。その後、神田明神前の坂を下り、外神田の町人地に入る。このほか、学問の視点からも、駿河台、駿河台下の神保町と湯島聖堂を切り離すことに無理がある。神田明神と外神田の関係のように、湯島聖堂も湯島一丁目から神田川を越えた南側一帯が同じ神田エリアになると、江戸期のイメージとてしっくりするのだが。しかも、大学の街・神田の現在とも重なる。

★1　1947（昭和22）年、東京都区部が35区から現在の23区になる。その時、麹町区と神田区が合併して千代田区となった

神田の区分変遷

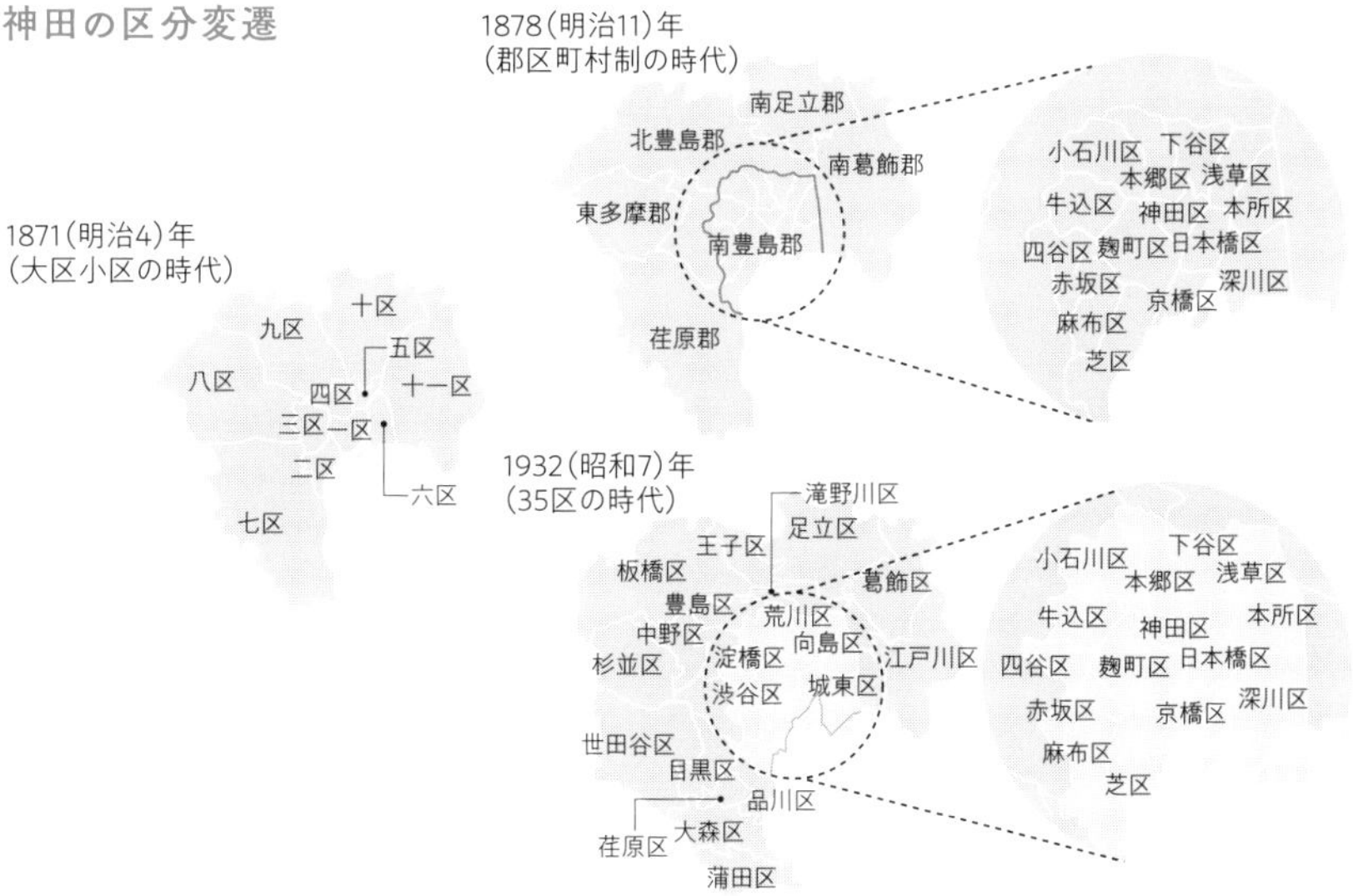

大区小区と旧神田区の区分を合わせた図

旧神田区は、3つの異なる特徴をもつ土地利用の大区から構成されていた

明治9(1876)年東京全図

2　大名の終《つい》の住処《すみか》が集まる土地

学問のイメージがある駿河台《するがだい》下一帯は、江戸で最初に武家地が開発された場所の１つ。当初は旗本を中心とした屋敷配置であり、与力、同心[★2]の組屋敷は駿河台上だった。

１６５７（明暦３）年の明暦の大火を契機に、駿河台下一帯が大きく変化。江戸城を守るために、北西からの風で大火となる火事をどのように防ぐかが幕府の課題として浮上した。江戸城の北側、武家地だった日本橋川沿いが一番から四番まで広大な明地《あきち》（火除地《ひよけち》）となり、神田から寺社地が姿を消す。そのなかで、唯一誕生した寺院が１６８８（元禄元）年に建立された護持院《ごじいん》。五代将軍綱吉の肝煎りで明地の一部に創建した[★3]。１６４３（寛永20）年の駿河台下は大名４家[★4]があったにすぎなかった。

その後、大名の上屋敷が16も増え、20となる。土屋《つちや》数直《かずなお》（１６０８～79年）、政直《まさなお》（１６４１～１７２２年）親子が老中となる土浦《つちうら》藩土屋家、土井《どい》利勝《としかつ》の四男・利房《としふさ》（１６３１～８３年）が老中だった大野藩土井家など、幕政の中枢にあって一時代を築いた大名家の終《つい》の住処《すみか》に変貌した。いろいろな場所から駿河台下に大名家が集まってきた[★5]。

外様大名の亀田藩岩城家、備中岡田藩伊東家、丹波園部藩小出家も終の住処として上屋敷を構えた。幕府による教育の中心的な場である湯島聖堂のほか、江戸の大名屋敷では江戸後期になると藩校を創設する流れが生まれる。駿河台下を終の住処とした大名家の上屋敷にも教育の場として藩校が置かれた。小浜《おばま》藩酒井家は１７７４（安永３）年に信尚《しんしょう》館、田中藩本多家は１８６０（万延元）年に日知館《にっちかん》を創設する。外様大名でありながら、寺社奉行、若年寄を輩出し、幕政の中枢を担うようになる園部藩小出家は、江戸後期に譜代大名が集まる神保町に上屋敷を賜り、藩校を置く。１万石の高岡藩井上家も１８６１（文久元）年に神保町に移り、翌年に江戸藩邸内に藩校・学習館を創設した。井上家は藩士だけではなく庶民の入学も許可して開放的な環境をつくりだす。江戸後期の神保町周辺は藩校による学問受け入れの素地が染み込む土地柄となっていた。

★2　与力と同心はいずれも江戸幕府の役人で、与力は奉行の配下、同心は与力の配下として、江戸の行政・警察・司法などを担当していた

★3　八代将軍吉宗の代に焼失し、護国寺に吸収されてしまう

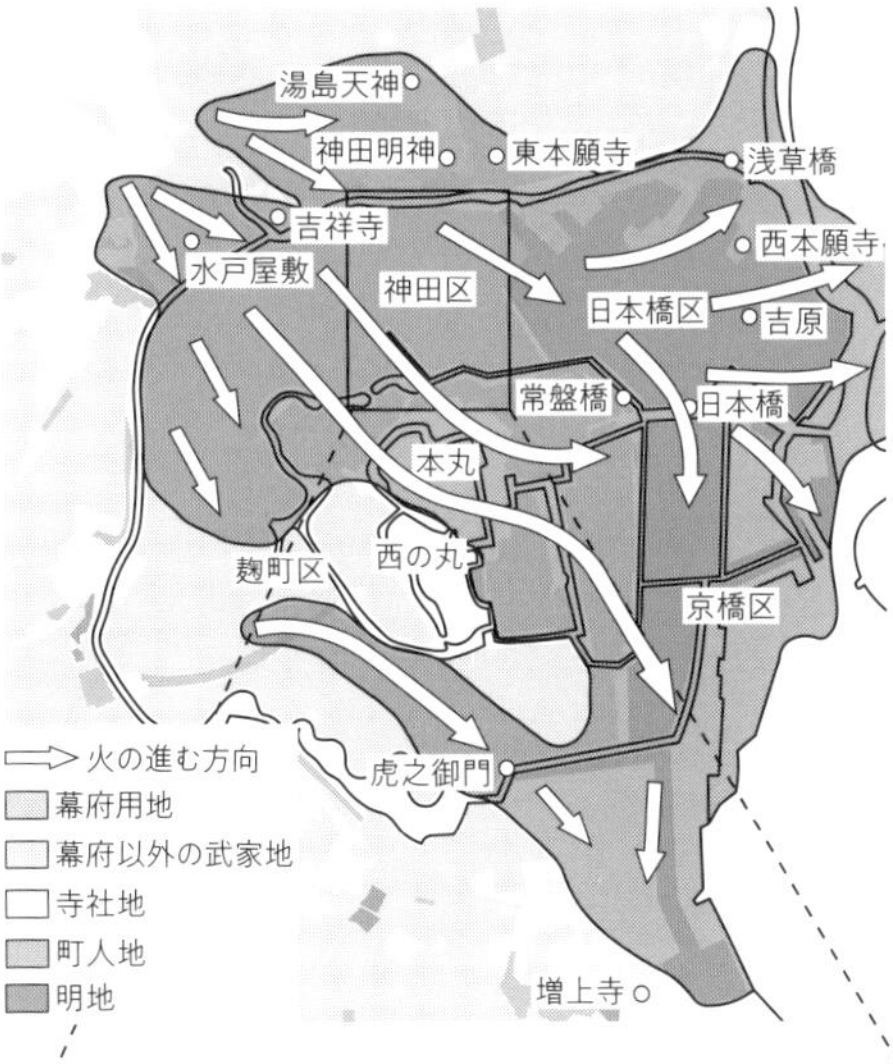

明暦の大火焼失エリア

駿河台地域に形成された一番明地から四番明地。この明地は、特に江戸城本丸を北西からの火事延焼に備えるために設けられた。なお、一番明地は明暦の大火以降明地と武家地と幾度か変更を繰り返し、江戸期の終わり近くに武家地に落ち着く

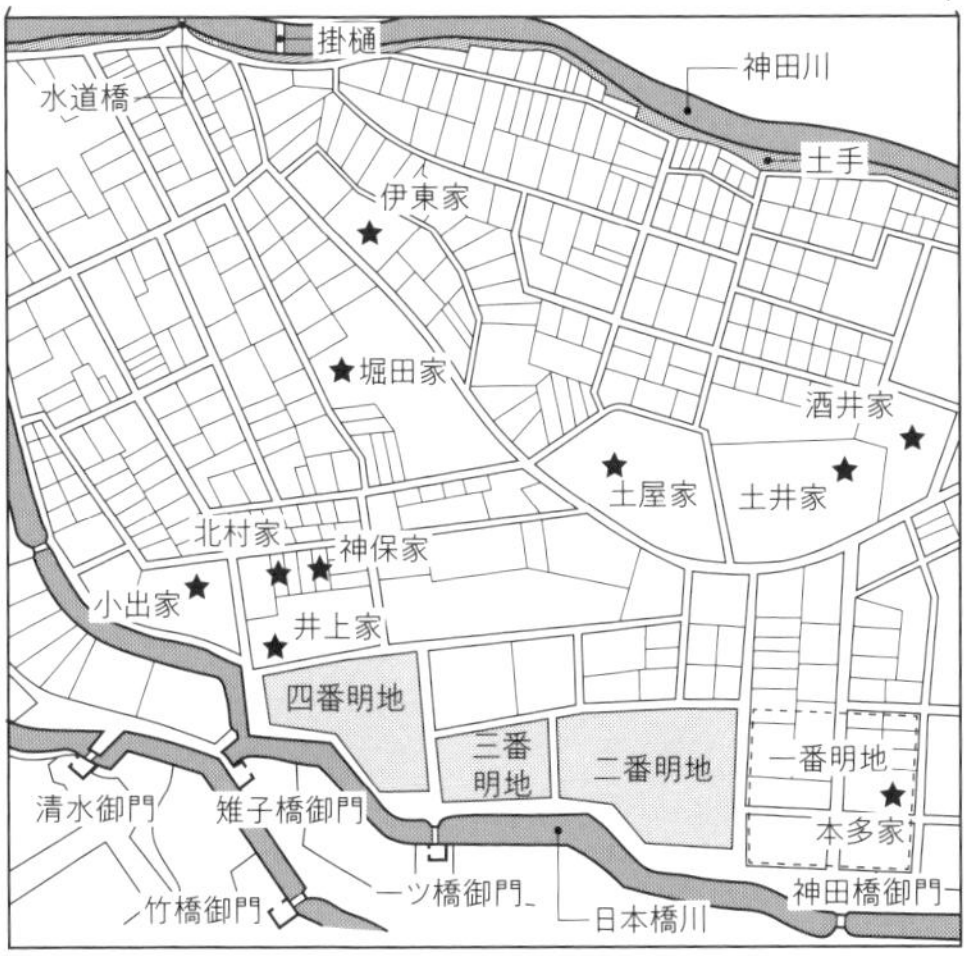

江戸後期

★4　「永井信濃守」「内藤志摩守」「津軽土佐守」「松平下総守」の４家

★5　大手町から名門の高田藩榊原家が、霞が関から3人の老中を輩出した下総佐倉藩堀田家が上屋敷をそれぞれ移した

3 靖国通り沿い南側に並ぶ古書店

昭和初期の神保町、靖国通り沿い南側には古書店を中心にモダンな看板建築が並んだ。どうして古書店は南を背にした通りの片側だけなのかと、古書店を巡りながら疑問が頭をもたげる。現在のすずらん通りは江戸期に「神保小路」と呼ばれていた。その名は神保新五右衛門家が明暦の大火以降、代々通りに面して屋敷を構え続けたからとされる。特に神《じん》保長治《ぼうながはる》（1641〜1715年）は晩年佐渡奉行を務めた旗本。知名度も高く、長治の時代に神保小路と名付けられたのかもしれない。

ただし、神保新五右衛門家から屋敷を1つ隔てた西隣にも興味深い旗本の家があった。元禄年中に屋敷を構えた北村家である。神保町に最初に屋敷を賜った歌人であり国学者の北村季吟《きぎん》（1625〜1705年）は、1689（元禄2）年から歌学方《かがくがた》として幕府に仕えた。季吟の俳句の門人からは松尾芭蕉などが輩出されており、北村家の屋敷が俳人たちのサロンとなる。神田神保町が後年本の街になる素地はこのようなところにもあった。

江戸期、田舎間4間《けん》（約7・3m）にも満たない道幅だった靖国通りは、明治期に拡幅されて路面電車（市街電車、市電）が通れる広さとなり、靖国通りに面する側が町の表の顔になり始める。ただし、すずらん通り（神保小路）は江戸期から変わらぬ道幅田舎間6間（11m）のまま。現在は裏通りかと錯覚しそうだが、江戸期は立派な表通りだった。★6

ではなぜ古書店が靖国通り南側に集中してしまったのか。それは地主との関係が大いにある。戦前までは、土地を所有して商いをする人は極めて少なく、地主の土地が靖国通りとすずらん通りの両側に面していた。拡幅後の靖国通りは、1904（明治37）年12月に市街電車の外堀線が開通。すずらん通り北側に面する書店がメインの道となりつつある靖国通り側に移動すると、通りの南側に位置してしまう。しかも、直射日光で本も傷まないおまけ付きで好結果を生む。関東大震災後の再建の際には、事前の経験が活かされ、「類は友を呼ぶ」ように道の南側に古書店が連続して並ぶ町並みとなったのである。

★6 『東京営業便覧』（1900年）によると、1900（明治33）年には駿河台下を凸状に南に湾曲する道（現・神田小川町辺り）と神保小路沿いとに古書店が集中的に分布していた様子がうかがえる。古書店は道の南と北でほぼ均等に立地し、神保小路ではむしろ道の北側の方が多い

1876年ごろの神保町

1930年ごろの神保町

1904（明治37）年12月に市街電車の外堀線が開通。須田町→小川町→駿河台下→神保町→九段下が停車場となり、裏神保小路（現・靖国通り）側に路面電車の線路が設置されてメインストリートとなる

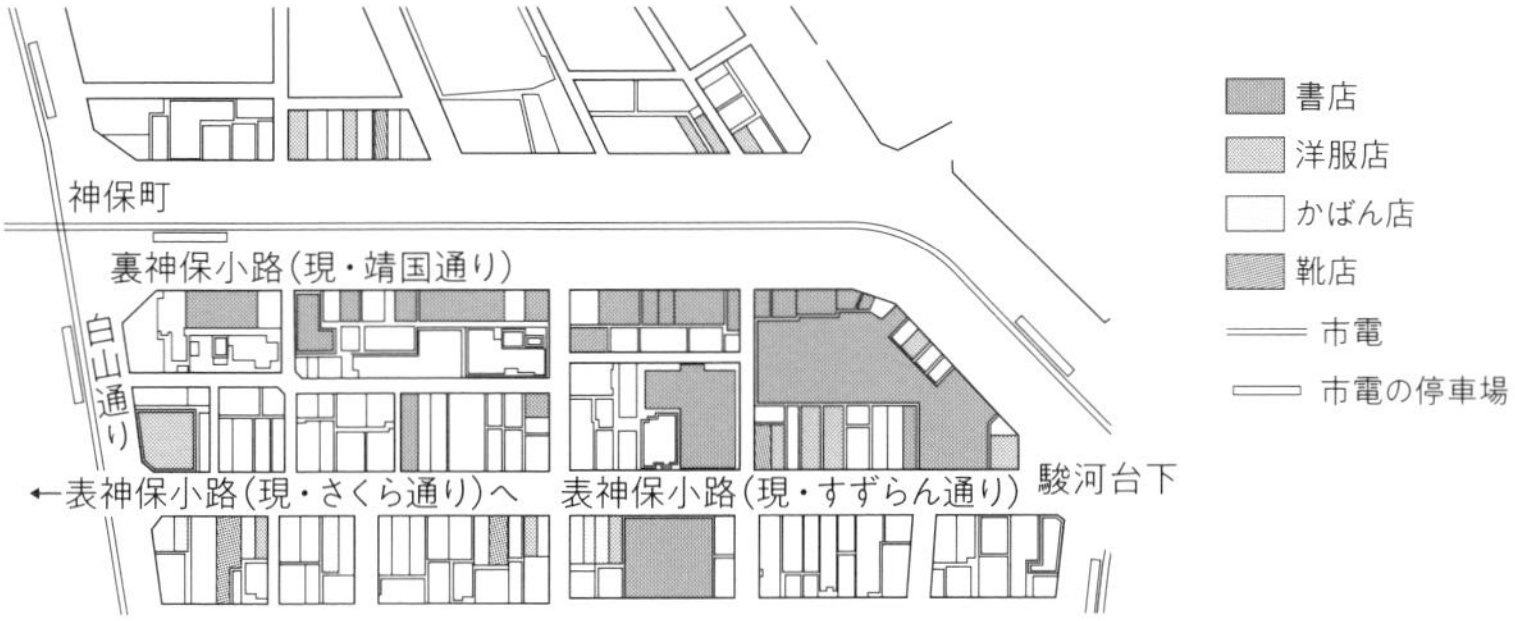

07

千駄木には千本の木があったのか？

本郷台地にある千駄木《せんだぎ》一帯の土地では古くから武蔵野台地特有の雑木林の広がる風景が見られた。「千駄木」の名の由来は、いくつか説があり、これといった決定打はない★1。ただし、現在の千駄木五丁目には江戸期「上野《うえの》東《とう》漸院《ぜんいん》持駒込千駄木御林」「上野寒松院持駒込千駄木御林」と「千駄木」の名がついた、2つの広大な雑木林が維持され、ここから雑木を切り出し、寛永寺で護摩木や煮炊き用の燃料材とした。一般的に、「駄」が馬の背中に積む荷物の重さの単位、「千」が「たくさん」を意味する。「雑木林で薪用に木や枝を伐採し、その数が千駄にも及んだ」との説が無理なく受け入れられようか。

現在の町名「千駄木」は、江戸期に寛永寺の御林を中心に、その周辺を武家地、寺社地、農地が囲むエリアだった。低地部を不忍通りが南北に通り、本郷通りと不忍通り結ぶ団子坂（千駄木坂）が東西に抜ける。その他はほとんどが通過交通とならない道ばかりだった。関東大震災でも、東京大空襲でも被災せず、今日まで落ち着いた住宅地の雰囲気を保ち続けてきた。

★1　江戸城を築城した戦国期の武将・太田道灌がセンダン（栴檀）の木を植えた地であり、これが転訛したとの説がある。あるいは、柳田國男（やなぎだくにお、1875~

団子坂沿いには茶店が並び、少し低くなった場所に植木屋が植木を配して観賞用の庭をつくった

2012（平成24）年、団子坂上の大観音通りに面して森鴎外記念館が町並みに溶け込むように建てられ、森鴎外の終焉の地に想いを馳せることができる

江戸後期

現在

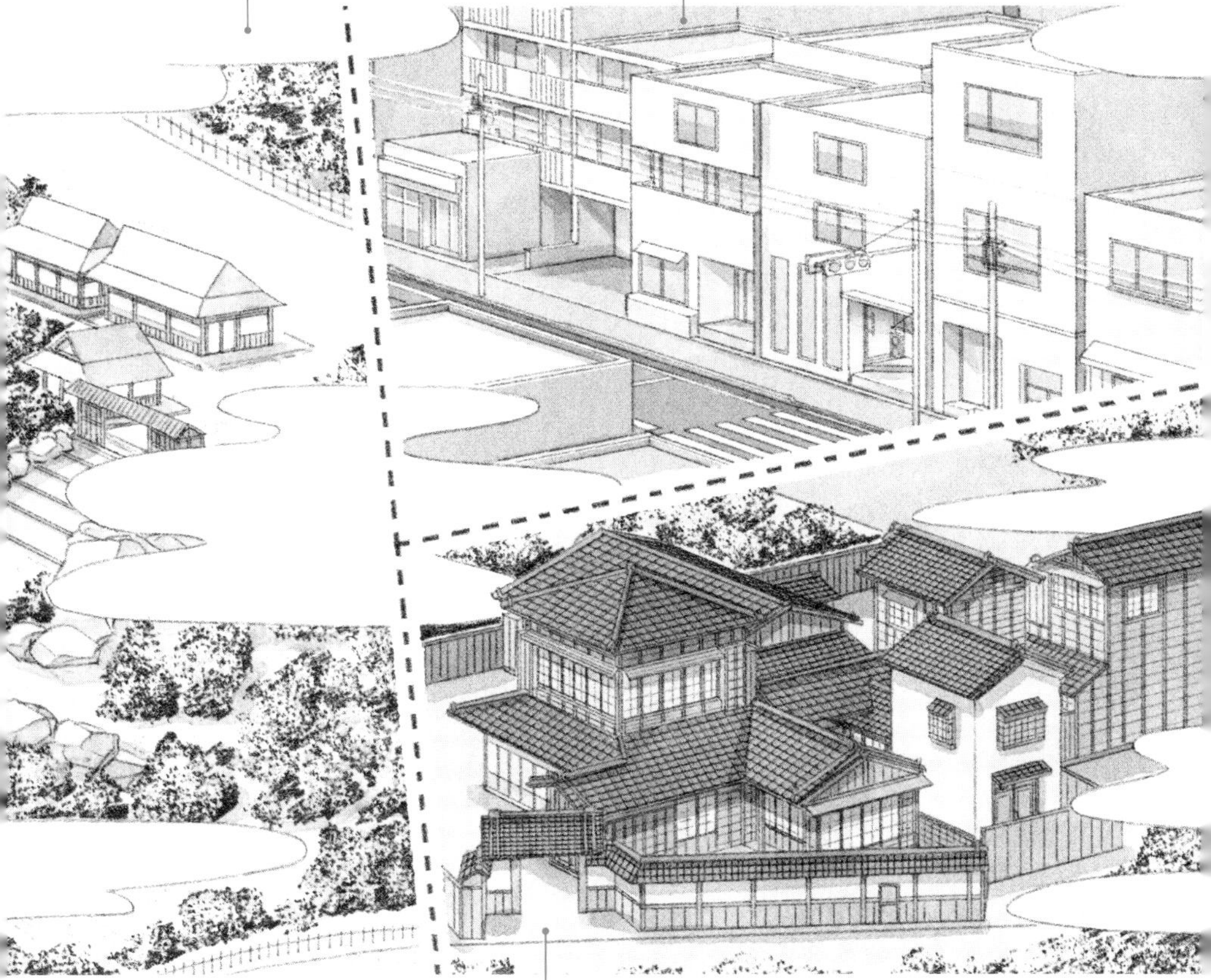

昭和初期

団子坂上の台地には、明治期以降屋敷が配されていく。関東大震災、東京大空襲から免れたこともあり、現在も古い建物が残りお屋敷町の風情が感じ取れる

1962年）が『母の手毬歌』において、山頂でたくさんの薪をたいて雨乞いをする儀式「千駄焚き」が「センダキ」と発音する地域の多いことに関連付けて書いている

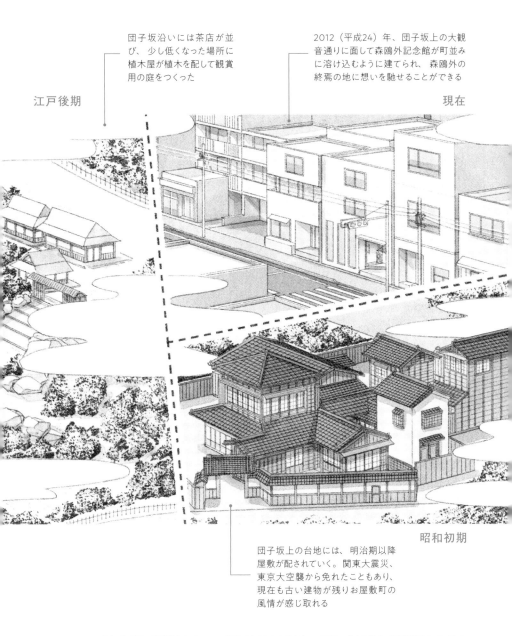

1　明治期以降、名士が続々と集う

現在の「千駄木」エリアを江戸後期の土地利用で見ると、御鷹方《おたかば》の幕府地、勝山藩酒井《かつやまはんさかい》安芸守家抱屋敷《あきのかみけかけやしき》、大聖寺藩前田備後守家下《だいしょうじはんまえだびんごのかみけしも》屋敷《やしき》、２０００石の旗本小笠原順三郎家屋敷などの武家地が散在するほか、寛永寺の広大な御林地や農地、寺社地が占める。団子坂界隈を除けば人気《ひとけ》のない寂しい場所だった。

明治に入り、この台地上の平坦地には寛永寺の広大な御林地跡を中心に多くの文化人、政財界の著名人が居を構え、屋敷町が形成されていく。旗本の小笠原家跡地は、１８７２（明治５）年に府内藩藩主の家系だった大給家《おぎゅうけ》が現・神田淡路町から屋敷を移したもの。藍染川に至る坂道が「大給坂《おぎゅうざか》」と名付けられる。

昭和に入ると、大給家の屋敷は三木証券株式会社創業者である鈴木三樹之助《みきのすけ》（１８８６～１９６０年）が所有した。後に大平正芳《おおひらまさよし》★2が義父である三樹之助の死去にともないこの屋敷の主となる。１９６６（昭和41）年に大平家が転居する時、銀杏《いちょう》の巨木のある一角が文京区に寄付された。大給家がいた記憶として、現在は邸宅地跡の一部が千駄木三丁目第二児童遊園となり、立派な大銀杏が歴史を刻み続けている。

大給坂を上がり、丁字に突き当たる通りを左に曲がると、関東大震災前に建てられた旧安田邸が右手にある。この屋敷は、「豊島園」創始者である藤田好三郎《よしさぶろう》によって１９２０（大正９）年に完成された。伝統的な和風建築の書院造や数寄屋造を継承した雁行形の建物だ。普請道楽だった藤田は、建物内部に洋風の応接間を設け、さまざまなアイディアを室内空間に注ぎ込む。１９２３（大正12）年、旧安田財閥の創始者・安田善次郎《やすだぜんじろう》の女婿である善四郎《ぜんしろう》が藤田から屋敷を買った。★3

通りをさらに団子坂方面に進むと、左手に島薗《しまぞの》邸がある。この屋敷は、道路側に洋館、敷地奥に和館★4を配した「和洋並置式」の建物で、島薗順次郎《しまぞのじゅんじろう》の長男順雄《のりお》の結婚を機に１９３２（昭和７）年に建てられた。設計した矢部又吉《やべまたきち》（１８８８～１９４１年）は、ドイツ留学の経験から、１階庇廻りの連続するレリーフなどにドイツ風の意匠をちりばめた。

★2　1910～1980年。日本の大蔵官僚、政治家。第68・69代内閣総理大臣

★3　この屋敷の素晴らしさは、藤田の設計意図を汲み、安田家の人たちが70年以上も維持して暮らし続けた点にある

千駄木の地形と江戸後期の土地利用

藍染川（旧石神井川）が台地を削り取り、上野台地と本郷台地が向かい合うダイナミックな地形を描きだした

現存する旧安田邸

上野寒松院持駒込千駄木御林地跡の一角に建つ。建物内は、サンルーム付きの「応接間」、雛壇が飾れる一間四方の床の間が配された「残月の間」、書院造の客間、押し入れの中にある水屋など、随所に工夫が施された

★4　2020（令和2）年、木造の和館が解体された。戦前の「和洋並置式」の貴重な木造建築だったが、維持管理する難しさがあったようだ

2　大名庭園の面影を残す須藤公園

島薗邸のすぐ近くには大名庭園の面影を残す須藤公園があり、台地と低地が織りなす斜面の魅力を体感できる。江戸後期、この公園はかつて加賀藩前田家支藩である大聖寺藩前田備後守家下屋敷だった。

　明治に入ると、維新の功労者であり、長州出身の政治家・品川弥二郎《しながわやじろう》（１８４３～１９００年）がここを一時邸宅とする。１８８９（明治28）年には実業家の須藤吉右衛門《すどうきちえもん》が所有し、長く住み続けた。こうして明治・大正・昭和初期と、江戸期の庭園が維持され続けた。１９３３（昭和８）年になると庭園部分が須藤吉右衛門の親族から東京市に寄付され、戦後に須藤公園となり現在に至る。

　緑に包まれた公園内には斜面をうまく活かした高さ10ｍ近くもある滝、庭園の中心をなす池と中島があり、その島にある弁財天の祠堂に行く朱塗りの橋が架かる。須藤公園内の斜面上からは、北東方向に曳舟にあるスカイツリーを望むビューポイントが用意されている。江戸期には、その先左手に遠景として筑波山が望めた。斜面上からの眺めは、日本庭園がつくりだす借景の雄大さを感じさせる。

『江戸名所図会』に「三崎法住寺」と題した挿絵がある。そこには、藍染川を「境川」と記し、三崎坂《さんさきざか》下に広がるのどかな田園風景が描写されている。挿絵が描かれた19世紀はじめころ、画面右下にはまだ水田が広がっていた。

　この挿絵の視点は、須藤公園内斜面上あたり。橋の右側にある川が現在のへび道、中央の大きな寺院が法住寺（現・法受寺）である。９９２（正暦３）年恵心僧都によって下尾久（現・荒川区）に創建され、その後１７５３（宝暦３）年に谷中の地に移ってきた。法住寺は、関東大震災で被災した後、１９３５（昭和10）年に浅草の安養寺と合併移転し、足立区東《ひがし》伊興町《いこうまち》四丁目に法受寺を建立した。谷中にあった寺の面影はない。

　橋から道を左に行くと三崎坂、右に行くとこれから上る団子坂となる。往来が多く、「三崎法住寺」の挿絵には橋の脇に弁天不動地蔵が描かれた。寛永期（１６２４～４４年）、上野台地側と本郷台地側との行き来は三崎坂と団子坂（千駄木坂）を結ぶこの道だけだった。

現在の須藤公園

大名庭園の面影を残し
続ける現在の須藤公園

『江戸名所図会』「三崎法住寺」

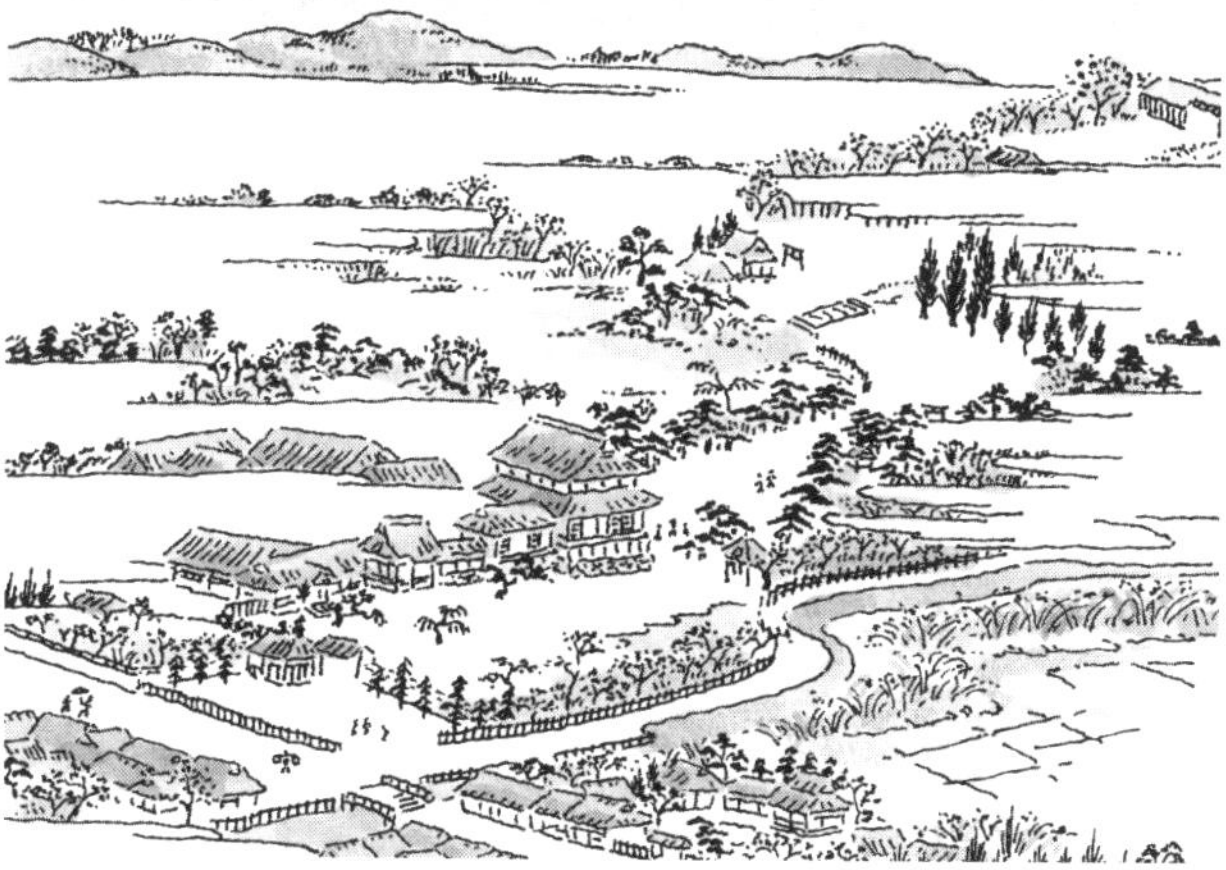

後の幕末期には、右下に描かれている田園が旗本や御家人の屋敷として開発された。いつの時代も似たようなもので、田んぼを潰した宅地は強い雨が降ると、すぐに水に浸かる。あまりよい環境ではなかった

3 東西に抜ける団子坂

団子坂は、境川（藍染川）が流れる低地から本郷台地へ上がる坂道である。『江戸名所図会』で「根津権現旧地」と題された挿絵には、絵の手前に右から左に上がる急な坂を描く。坂名は「千駄木坂（団子坂）」。『御府内備考』の解説によると旧名を「潮見坂」ともいう。寛永期以前は、台地上から遠くに広がる内海（現・東京湾）の雄大な風景を率直に坂名とした。「潮見坂」については、森鴎外の父が隠居の地を探す際、坂上から見える素晴らしい東京湾の眺望を土地選びの決め手としたことが知られている。

先の挿絵では、坂の南側（左側）に植木屋が広大な土地を利用し、商う光景が描かれる。まるで庭園を鑑賞させるかのような、魅力的な空間演出が人々の関心を引き寄せた。坂に面した斜面地を利用して茶屋が並び、植木屋の庭を眺める工夫がなされた。その後、観光名所として知名度をあげた茶屋での団子が評判となり、坂の名が「千駄木坂」から「団子坂」に。★5

団子坂は、江戸末期から明治期にかけて活況を呈した。道の両側には菊人形の小屋が数多く出店し、大いに賑わう。その顧客を当て込み蕎麦屋《そばや》が店を出す。なかでも評判の店として伝説の元祖「藪そば」があった。「薮下」という道の名前は、そんな人気の蕎麦屋のルーツとも繋がる。

2012（平成24）年竣工の森鴎外《もりおうがい》記念館は、本郷通りに抜ける団子坂上の大観音通りと薮下通りが交差する角地にあり、観潮楼《かんちょうろう》と名付けられたかつての森鴎外自邸跡に建つ。★6 鴎外が暮らした観潮楼の正門は薮下通りに面して設けられた。正面玄関から薮下通りに出ると、通り左手に団子坂の賑わいを感じ、天気の良い日は前方右手に遠く房総半島がパノラマで一望できる。贅沢の極みのロケーションだ。

高低差のある急勾配の斜面に沿った道は「藪下道《やぶしたみち》」と呼ばれ、自然にできた脇道として古くから利用され続けている。木々に覆われた小道の閉塞感と、斜面東側の房総半島まで望める雄大な展望が合わさり、心地よい空間をつくりだした。現在も車の往来が少なく、鴎外が歩いた時代はさぞ素敵な散歩道だったのだろうと想像にふける。

★5 「団子坂」の名の由来は、「坂近くに団子屋があった」、あるいは「悪路のため転ぶと団子のようになる」と一般的に説明され、他の「団子坂」でも同様の解説がなされてきた

★6 森鴎外（1862~1922年）はこの団子坂上の屋敷に1892（明治25）年から1922（大正11）年まで、60歳で亡くなる30年間を家族と共に住み続けた。鴎外没後の1937（昭和12）年に母屋が焼失する

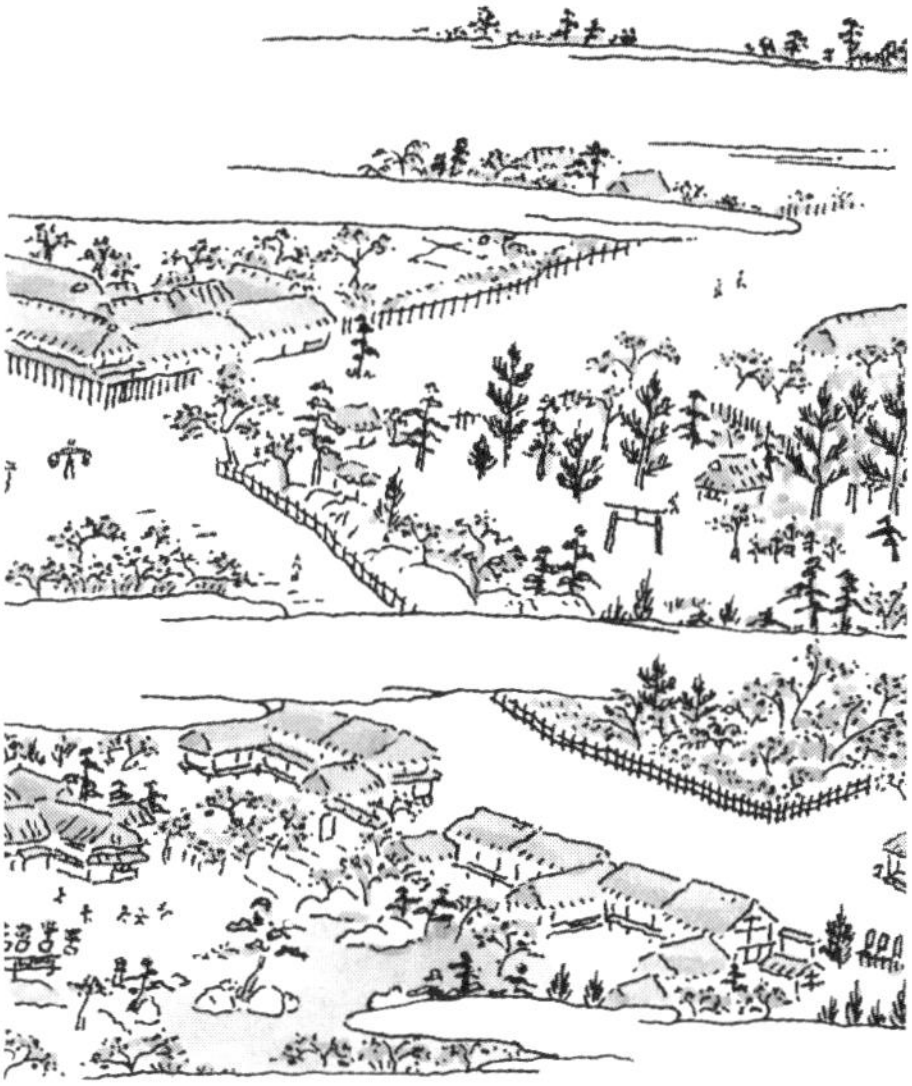

『江戸名所図会』
「根津権現旧地」

団子坂は、坂道ファンにとってはメジャーな坂道の一つ。森鴎外をはじめ多くの小説家が話題を提供してきた坂道でもある。現在の「団子坂」は、長谷川雪旦が『江戸名所図会』の挿絵を描いた19世紀前半、「千駄木坂」と呼ばれていた。1829（文政12）年に完成する『御府内備考』でも坂名を「千駄木坂」としており、江戸期の公的な坂名だった

森鴎外記念館からの風景

森鴎外記念館の裏口を出ると藪根通り。急斜面の先に曳舟のスカイツリーが見える。現在はビルが建ち並び、遠景は望めないが、森鴎外が生きていた時代にはスカイツリーの右方向に房総半島が一望できた

08

目黒はなぜ人を惹きつけるのか？

目黒《めぐろ》川沿いに位置する上目黒、中目黒、下目黒の各町名の歴史は古く、このあたりは江戸初期から田園が広がる農村風景だった。「目黒」の名は目黒不動尊が由来とされる。幕府が1818（文政元）年に「朱引」の内側を江戸の範囲と定めた時、門前町で賑わう目黒不動尊（瀧泉寺）一帯は「朱引」の外だが、唯一例外として江戸★1町奉行が管轄する「黒引」の内側に位置した。「目黒」の名の自負はこのあたりにあるのか。現在、旧上大崎村にある駅名は目黒駅。ほかにも目黒川、目黒通り、首都高速道路の目黒線と、「目黒」づくし。区名も目黒区に落ち着く。

目黒と名の付く村々は、江戸末期に至るまで人気《ひとけ》のない田園風景が広がるだけだった。ただし、名所としての着目度は絶大で、歌川広重《うたがわひろしげ》（1797〜1858年）の『名所江戸百景』では「目黒爺々が茶屋」のほか4点の絵が「目黒」を冠したタイトルで描かれた。目黒の原点「目黒不動尊」は描かれていないが、この数は他のエリアを圧倒する。現在も、江戸期も、「目黒」の名にパワーが潜む。

★1 「朱引」は、単に朱色の墨で地図に江戸の範囲を示したことで名付けられた名称。「黒引」は町奉行が管轄するエリアを黒色の墨で引いたことから呼ばれた。この2つのエリアは「朱引」が広く取られ、「黒引」はその内側にあった。「黒引」は原則

空から俯瞰した現代風景の中に、太古からの自然のいとなみ、人々が使いこなしてきた行人坂などの坂道が潜む

現在

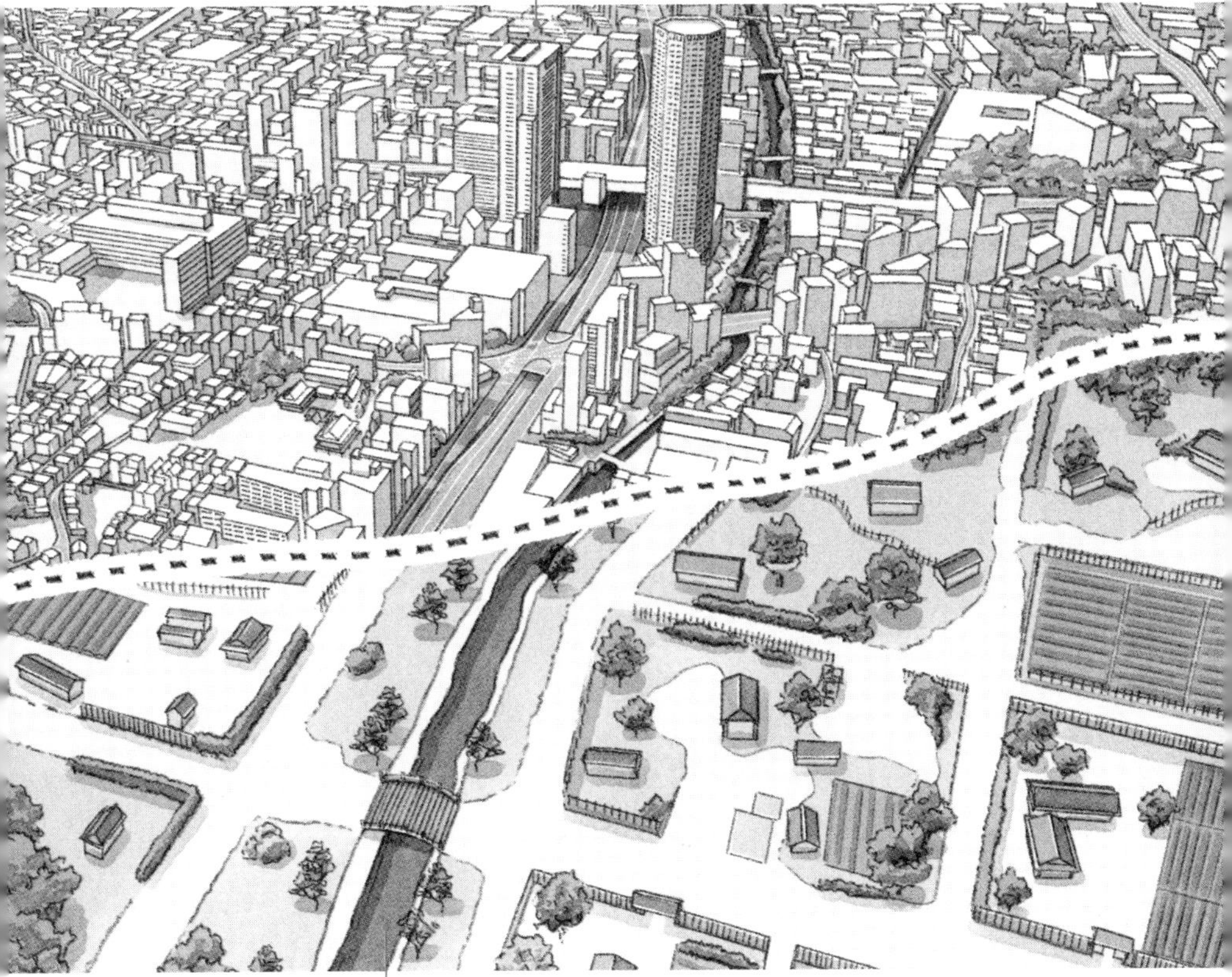

江戸後期

江戸期には芝・白金台地の海抜の高いところを選ぶように三田用水が流れ、その水を利用して邸宅の池や農地が潤った

「朱引」の内側である

1 多摩川の忘れ形見・目黒川

東京の地形も目黒川あたりまで南下すると、平坦な台地に川の侵食だけで凹凸をつくる武蔵野台地特有のイメージとは大いに趣を異にする。目黒川両岸の地形は、左岸に北側から南東に向け淀橋台地と連続する芝・白金台地が位置し、右岸の北西側から南東が荏原台地となる。2つの台地の間には、目黒台地と名付けられた海抜の一段低い台地があり、この台地と芝・白金台地の間を現在目黒川が流れている。

目黒川両側の台地は、芝・白金台地が高く、海抜40mの高さから北東に向け傾斜し低くなる。目黒川近くの台地面が最も高く、急斜面の崖が目黒川に沿って続く。

目黒川の南西にある一段低い目黒台地は、高くても海抜27～25m程度の平坦な地形が広がる。芝・白金台地と目黒台地とは明らかに異なる地形形状であり、成立背景も異なる。

芝・白金台地は、荏原台地とともに、プレートの潜り込みによる地震隆起で、海の底が地表に露出して台地を形成したもの。その成立時期は12万年前ころまで遡る★2。地形は起伏に富み、数多くの小規模な谷が入り込む。

一方、海抜の低い目黒台地は芝・白金台地よりも数万年新しく、約7・8万年前ころとされる。この台地は武蔵野面と呼ばれ、河川が運び込む大量の荒い土砂の堆積《たいせき》による礫層《れきそう》(段丘礫層)で形成された平坦な地形だ。

この礫層が成立する時代には、多摩川が芝・白金台地と荏原台地の間を抜けて流れていた。多摩川の流れが大量の土砂を運び込んだことにより、武蔵野面と呼ばれる平坦な地形の目黒台地がつくりだされた。多摩川は後に幾度も流路を変更して南に移動し、現在流れる多摩川の位置に落ち着く。

多摩川が南下したことにより独立した目黒川の流れは、目黒台地(武蔵野面)の一部を削り取り、河岸段丘崖の緩やかな斜面を生みだした。そのため、目黒川の西側斜面にある金比羅坂、かむろ坂は、勾配の比較的緩い坂道となる。河岸段丘崖からは水が豊富に湧き出し、多くの滝や池が誕生した。このように見てくると、現在の目黒台地と目黒川の光景は、多摩川の忘れ形見のような地形でもある。

★2　地震隆起により成立した地形は多摩川を挟み南側に位置する下末吉台地と同じ形成経緯とされる

独鈷《とっこ》の滝

目黒台地は、地下水脈が豊富であり、湧水が至る所で湧き出ていた。その最大のものが今まで枯れたことがないとされる目黒不動尊（瀧泉寺）にある独鈷の滝。また、桐ヶ谷氷川神社の湧水もよく知られる。氷川神社境内の崖からはかつて豊富に水が湧いており、「氷川の懸泉（けんせん）」と呼ばれる滝が勢いよく流れ落ちていた

2 目黒の地理的環境と「目黒のさんま」

目黒川は東急東横線中目黒駅から4kmほど下《くだ》れば品川橋に至り、東京湾に注ぐ。普段思い描く目黒のイメージより遥かに海が近い。中目黒駅近くでは、目黒川が蛇崩川《じゃくずれがわ》★3と合流し、少し下ると川幅の広い場所に出る。目黒川の舟運がまだ充分機能していた昭和初期には、河岸《かわぎし》を開削して船を留め置く「船入場」が新たに設けられた。江戸期には、少なくともこのあたりまで小舟が行き来する光景に出合えたはずだ。

目黒における海の幸と40m級台地とのギャップは、斬新な落語の噺《はなし》づくりにもってこいだ。落語「目黒のさんま」の舞台は歌川広重の『名所江戸百景』に描かれた海抜40mのところにある「目黒爺々が茶屋」。台地上からは富士山が望め、山深い田園風景が広がる。だが、台地上にある茶屋から急な斜面の茶屋坂を下れば、海まで小舟が行き来可能な目黒川に出る。秋刀魚《さんま》が食卓に上がっても不思議ではない。落語の時代設定は三代将軍家光の時代か。各代の将軍が鷹狩りで目黒を目指したが、やはり家光をイメージした方が落語に箔がつく。

江戸城から郊外の鷹場へは六筋あり、目黒筋もその1つ。目黒筋遊猟の帰り道、家光は茶屋坂上の「爺々が茶屋」に寄り休息した。山間の鄙びた峠と海の幸である秋刀魚のミスマッチを題材に落語が進行する。★4空腹の家光は親しい間柄である茶屋の主人に食事を所望する。出された食事は脂ののった秋刀魚。その味が格別で、大満足の帰城だった。後日、秋刀魚の美味しさが忘れられず、家光は城内で秋刀魚を所望。庶民の食べ物をリクエストされた家臣は新鮮な秋刀魚を取り寄せ、料理する。頭と骨を取り、脂も抜いて差し出した。変わり果てた秋刀魚の姿に、家光はたまらず「これは何と申す」と一言。家臣は秋刀魚と返答する。不審気味の家光は「どこでとれたのか」と問い返した。家来は銚子沖と答える。脂がのった上質な秋刀魚といえば、銚子沖。だが、脂を抜いては最上級の秋刀魚も形無し。「銚子はいかん。秋刀魚は目黒に限る」と落ちがつく。この落語は目黒独特の地形に刷り込まれた地名の力強さを感じさせる。目黒不動尊が秋刀魚に乗り移ったかのように。

★3　現在は暗渠となり、その上が緑道になっている。

★4　創作された落語の噺であり、実際に家光が茶屋で秋刀魚を食べたかどうかはわからない。ただ、このミスマッチは落語の落ちを引き立てる

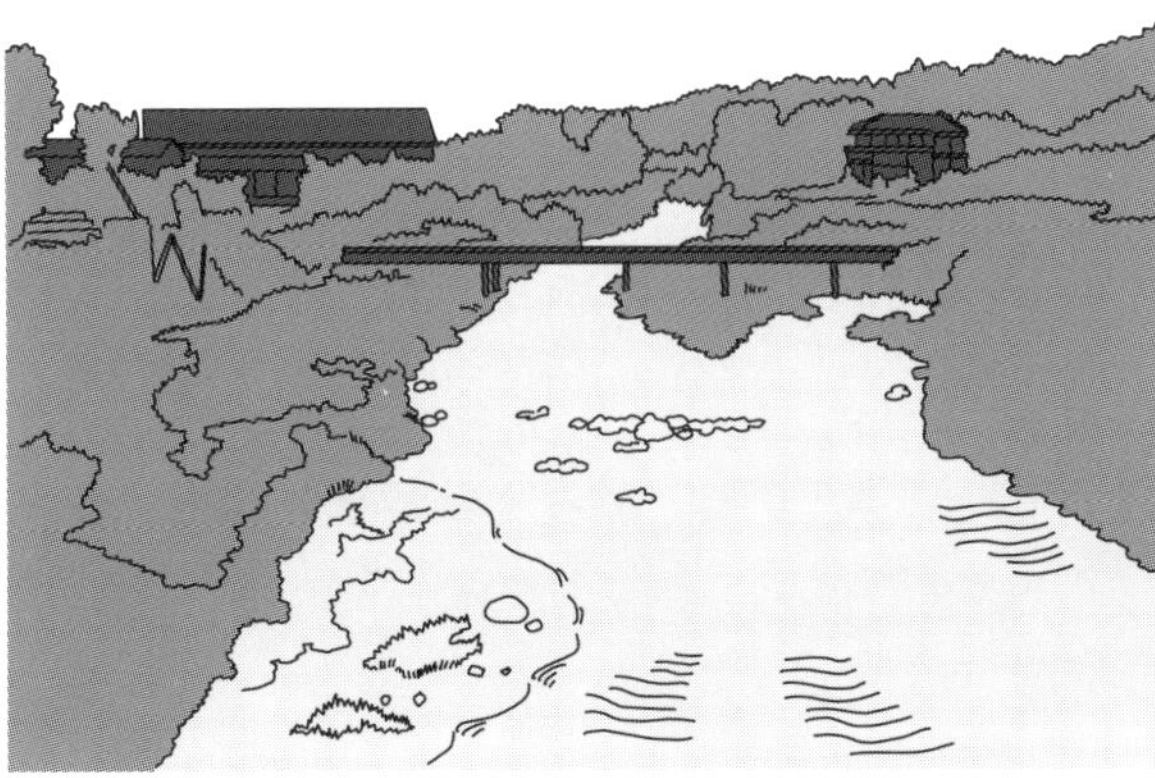

1933年ころの
目黒川船入場

江戸期には年貢米などの物資を積んで下り、あるいは品川の魚市場から海産物などを乗せた小舟が遡上した。太平洋で獲れた新鮮な秋刀魚（さんま）も小舟で運ばれた可能性がある

『名所江戸百景』
「目黒爺々が茶屋」

家光は茶屋の主人彦四郎の素朴さを気に入り、「爺、爺」と親しく話しかけたことから、いつしか「爺々が茶屋」と呼ばれるようになったという。現在は道路が整備され新茶屋坂が誕生したが、そこから南東側の市街地に入るとかつての茶屋坂の痕跡が一部に感じられる

3　悲劇の現場・かむろ坂の伝説

『名所江戸百景』のうち目黒を題材にした5枚の絵は、いずれも芝・白金台地側であり、目黒台地側が一枚もない。100枚以上ある『名所江戸百景』の絵は、ほとんどが広がりのある風景。目黒不動尊がある一帯は、海抜の高い芝・白金台地と荏原台地に挟まれた10m以上低い目黒台地にある。さらに目黒不動尊は窪地に潜む閉じられた空間に立地しており、見晴らしが悪い。そのため広重は絵の題材としなかった。ただし、名所がないわけではない。王子の滝など名所として人気の滝を「江戸七瀑布」と呼んだが、目黒の独鈷の滝と桐ヶ谷にある氷川の滝★5が取り上げられた。この豊富な水環境で悲劇が起き、伝説として名を刻む。歌舞伎の題目「白井権八伝説」が思い浮かぶ。この話における核心の舞台は、目黒不動尊近くと桐ヶ谷二ツ池。

東昌寺は、白井権八《しらいごんぱち》★6が尺八をおぼえるために通った虚無僧《こむそう》の集まる普化宗《ふけしゅう》寺院で、目黒不動瀧泉寺《りゅうせんじ》付近の石古坂沿いにあった。坂の名は羅漢寺川（入谷川）が目黒台地を削り、荒い土砂の礫層がむき出しになった状態をいいあてている。1679（延宝7）年、この寺には鈴ヶ森刑場で処刑された権八の遺骸が埋葬され、後に権八と恋仲だった遊女の小柴が自害し、「比翼塚《ひよくづか》」が置かれた。

桐ヶ谷二ツ池は、小紫付の「かむろ」★7が自害した場所。戻らない小紫の安否を心配した新吉原の三浦屋では、小紫付の「かむろ」を目黒へ向かわせた。「かむろ」は東昌寺で小紫の死を知り二ツ池に飛び込み命を絶つ。この死を哀れんだ村人は丘の中腹に遺骸を葬り、「かむろ塚」を築く。谷戸に池があり、その周辺が丘となった地形は、現在では開発されてすっかり地形が変わった。わずかな勾配の坂道を現在「かむろ坂」と呼び、悲劇の記憶として名をとどめた。このかむろ坂の通りは春に桜が咲き誇る桜並木が続く名所。

「目黒」で起きた出来事はいいようのない重たさを伴い内にこもり、拡散を拒む。その一方で、周囲の「目黒」の名は軽やかに周辺に拡散し続けた。「求心」と「拡散」。この2つの関係が引き合い、目黒という名の存在を不思議と強める。

★5　桐ヶ谷氷川神社（西五反田）の境内では、かつて豊富に水が湧き出ており、現在その痕跡をわずかに確認できる

★6　江戸初期に実在した鳥取藩の武士

東昌寺跡に置かれた比翼塚

「白井権八伝説」の白井権八（1655~79年）は実在の人物。権八が処刑され、小柴が自害するまでのあらすじは、1672（寛文12）年に、数えで18歳の若さの権八が鳥取藩士だった父・正右衛門の同僚を斬殺し、鳥取を離れて江戸へ行く所からはじまる。江戸では新吉原にある三浦屋の遊女・小紫と恋仲となった。しかし、金が続くわけもなく、数多くの辻斬り強盗を働き、小紫のもとに通う。このまま辻斬り強盗を続けることに躊躇した権八は瀧泉寺付近、石古坂近くの東昌寺に身を寄せる。ここで尺八を修めた権八は虚無僧姿となり郷里の鳥取を訪ねるが、すでに父母が亡くなっていた。それを機に、江戸奉行所に自首し、処刑される。権八と恋仲だった小紫は、処刑されたことを知り、権八への一途な思いから店を抜け出し東昌寺に向かった。新吉原から目黒までは直線距離でも10km以上。店を出た時から命が無いものと覚悟亭した小紫は、東昌寺にある権八の墓前で命を絶った

★7　江戸期に遊郭に住んだ遊女見習いの幼女

09

村の外れにつくられた駅 池袋の謎

明治前期、東京郊外で都市の機能を備えた唯一の場所は江戸期から続く宿場★1だった。板《いた》橋《ばし》宿は江戸城の北西、四宿《ししゅく》★2の1つとして中山道沿いにあった。

板橋宿との比較から池袋《いけぶくろ》村を考えると、どうしても経済的な力関係に差があり、板橋宿に軍配が上がる。それは、明治期・大正期に誕生した鉄道の駅名を確認するとうなずける。現在のJR東日本埼京線（旧品川鉄道）の板橋駅は池袋村と滝野川《たきのがわ》村の村境あたり、池袋本町の近くにある。だが駅の名は、池袋村が板橋宿に負けて「板橋」となった。現在、池袋本町と密接に関係する駅名は東武東上線の「北池袋」★3。しかも、ターミナル駅となる「池袋」は池袋村の村外れに設けられた。現在は駅が巨大化し、かつての雑司ヶ谷《ぞうしがや》村にまで拡大する。なぜ敗者の烙印《らくいん》が「池袋」に押されているのか。

池袋村の存在感を発揮できない池袋駅は、後に駅名由来の新たな伝説を生む。

★1　街道の拠点となった場所で、旅人が宿泊や休息、人馬継立（じんばつぎたて、運ばれる荷物の人足と馬の交代）を行う設備を整えた場所

現在の池袋駅東口。駅前には西武や池袋パルコなどの大型商業施設が建ち並ぶ。東京のターミナル駅の1つであり、道路の交通量も多い

1945（昭和20）年の東京大空襲によって焼け野原となった池袋駅前には、バラックで建てられた長屋式の露店や連鎖商店街による「闇市」が形成された。飲み屋を中心とした飲食店や、食料品、衣料品などを扱う店が並んでいた

★2 江戸四宿ともいう。五街道の各宿場のうち、江戸に最も近い宿場町のこと（中山道の板橋宿のほか、東海道：品川宿、甲州街道：内藤新宿、奥州街道・水戸街道：千住宿）。現代のターミナル駅に相当する

★3 開設時（1934年）の駅名は「東武堀之内」であり、現在の駅名は戦後につけられた

1　無名だった地・池袋に駅がつくられる

豊島《としま》線（現・山手《やまのて》線）のルートは、はじめ目白《めじろ》駅（1885年開業）あたりから巣鴨駅に向け、現在よりもっと南側をほぼ直線に近いかたちで通す計画だった。しかし、難点が浮上する。新宿駅側から見て、目白駅の手前では深い谷をいくつもまたぐことになり、目白駅の少し先になると、巣鴨監獄の敷地にかかってしまう。仕方なく、分岐点をさらに北にする案が現実味を帯びる。1902（明治35）年、信号所にすぎなかった「池袋」に白羽の矢が放たれる。巣鴨監獄を避けるようにS字に2度小さくカーブさせて巣鴨駅に至るルートが最終案となった。

1903（明治36）年に新駅となった池袋駅は、池袋村と雑司ヶ谷村の村外れに位置し、かろうじて池袋村の村内だった。現在は池袋駅が拡大し、駅南側の一角が江戸期の雑司ヶ谷村にも広がる。★4 開設された当時の池袋駅は、鉄道を通す条件「なるべく平坦な地形」と「市街化されていない村外れ」を完璧にクリアしていた一方、見向きもされないまったくの原野につくられたローカル駅にすぎなかった。池袋村の中心である池袋本町からは遠すぎ、駅名の拠り所としてのお墨付きにはどうしても欠ける。すると誰が思いついたのか、池袋駅近く、かつての雑司ヶ谷村にあった「袋池《ふくろいけ》」（丸池《まるいけ》）が着目された。

新旧を問わず、「伝説づくり」の例は多い。それは、人が拠り所を求めるからだ。「池袋」の地名発祥地が池袋駅から離れた池袋本町であるにもかかわらず、現在の池袋駅西口のホテルメトロポリタンあたり（現・西池袋一丁目、旧雑司ヶ谷村）にある袋形の「丸池」が駅名「池袋」の直接の由来であるとする新伝説が唱えられた。

池袋の元祖といいたげな公園名「元池袋史跡公園」内には、枯れた状態の丸池が残っていた。元の場所から東側に元池袋史跡公園が新設され、それを機に池袋の地名由来の伝説はさらにアピールされる。本来の地名の由来はそれとして歴史に強く刻まれるべきだが、新伝説もふわふわ状態で誕生した「池袋」の駅名に隠し味を効かせており、思いのほか刺激的だ。

★4　町名は雑司ヶ谷ではなく、現在は西池袋一丁目、南池袋一丁目に変わった

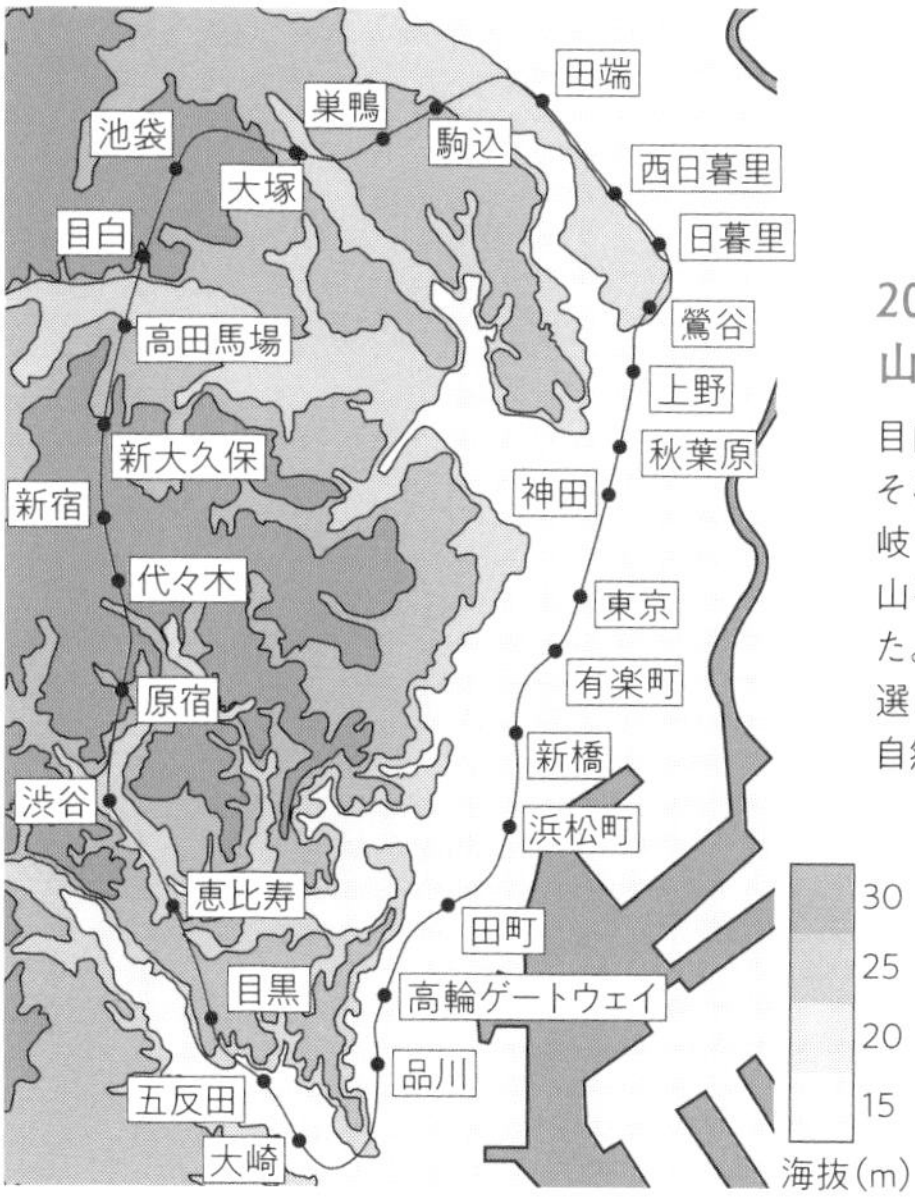

2024年現在の山手線のルート

目白駅は窪地に位置する。そこからでは直接路線を分岐できないため、池袋駅が山手線のルートに追加された。山手線は平坦な場所を選んで敷設されたため、不自然なカーブを描く

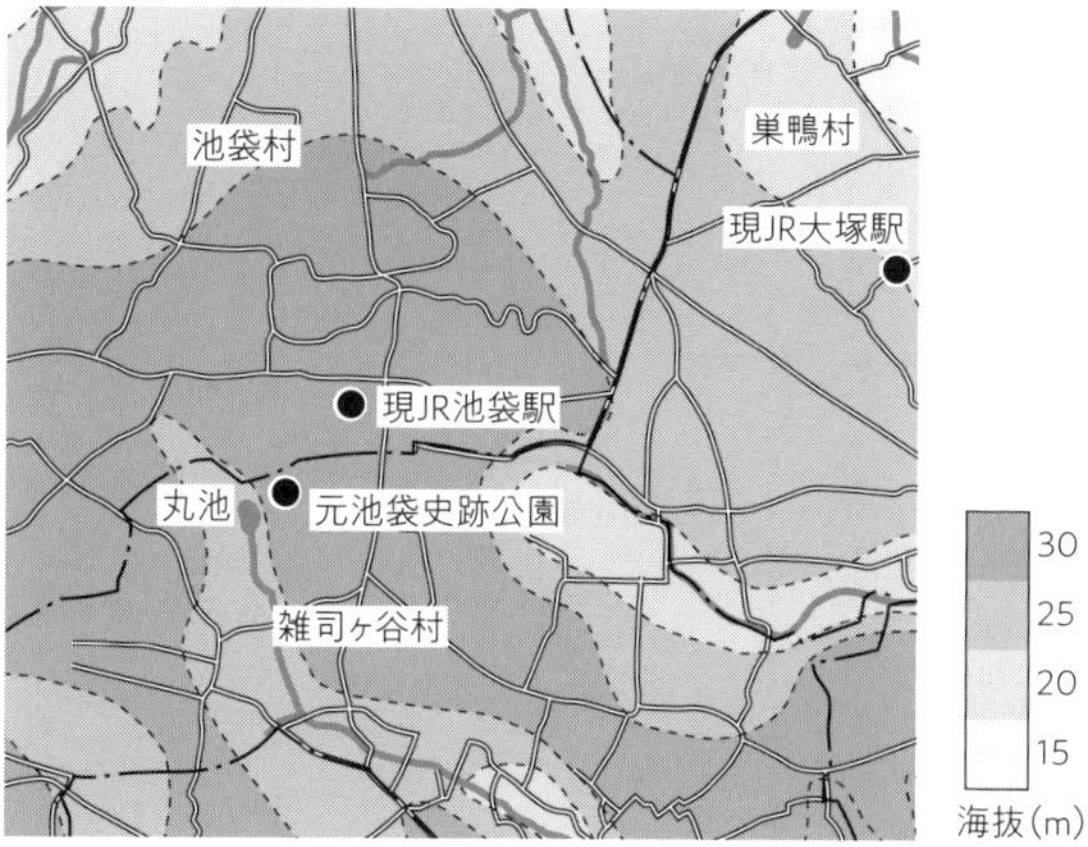

1856年の池袋周辺

池袋村、雑司ヶ谷村、巣鴨村が隣り合っていた。丸池は当時の雑司ヶ谷村に位置する。現在はJR池袋駅西口側の「元池袋史跡公園」内に丸池の解説がある

2 周辺地域より格下扱いを受けた池袋

「池袋村」は、少なくとも戦国期まで遡る古い村の1つ。だが、町場をつくり出せなかった。一方、巣鴨村は中山道沿い、駒込《こまごめ》村は日光街道沿いに早くから町場を発展させた。池袋村は、1889（明治22）年の町村制施行で巣鴨村の大字《おおあざ》★5となり、巣鴨村の格下扱いの村となる。鉄道誘致に尽力した巣鴨、駒込の各駅は、池袋駅のように村外れではなく、町場の中心にごく近いところに設けられた。

大塚《おおつか》は村名ではないが、近くに護国寺があり、大名屋敷や寺院も集まる「大塚」と名付けられた町人地が江戸期からあった。★6巣鴨、駒込と同様に、大塚の名が付く町場の人たちは駅誘致に尽力した。

後に池袋駅を終着駅として敷設される東上鉄道（現・東武東上線）と武蔵野鉄道（現・西武池袋線）は、当初東京郊外から都心に向けた延伸を計画しており、池袋駅を重視していなかった。★7巣鴨駅には1912（大正元）年に路面電車がすでに乗り入れ、その後の発展が見込まれた。下板橋《しもいたばし》駅付近から、現在のように右に大きくカーブするのではなく、路線を真っすぐ延ばして板橋駅と接続し、さらに旧中山道沿いを巣鴨駅に向かう計画を立てる。明治という時代が終わるころも、池袋駅の注目度はかなり低かった。大塚駅あたりは繁華街としてにぎわいの可能性を高めはじめる。デパートの白木屋が進出し、大塚駅から都心部に向け1913（大正2）年に路面電車が敷設された。都心との結び付きが強まる。池袋駅周辺に比べ、路面電車が通る道の周辺は市街化が面的に進む。大塚駅のポテンシャルは池袋駅より圧倒的に高かった。

関東大震災に伴い、都心に住んでいた多くの人たちが私鉄沿線に住まいを求めるようになると、池袋駅がターミナル駅として脚光を浴びはじめる。鉄道沿線では、鉄道から供給される電気の配送が容易だ。電気照明による文化的な住まい方を一般家庭に普及させる副産物が生まれていた。都心への延伸を断念した東武東上本線が池袋駅の西口に、西武池袋線も東口に路線を変更して終着駅とした。

★5　大字は江戸期の村を継承した地名。大字より小さい集落のまとまりにつけられた地名は小字（こあざ）という
★6　現在の東京メトロ丸ノ内線の茗荷谷（みょうがだに）駅から新大塚駅にかけての道沿いに位置する
★7　たとえば、東上鉄道は繁華街としてにぎわいはじめる巣鴨駅への乗り入れが前提だった

2024年現在の池袋駅周辺と
東武東上線の計画当初のルート

中山道沿いを走り巣鴨につながることで、 東武東上線は都心へのアクセスを狙った

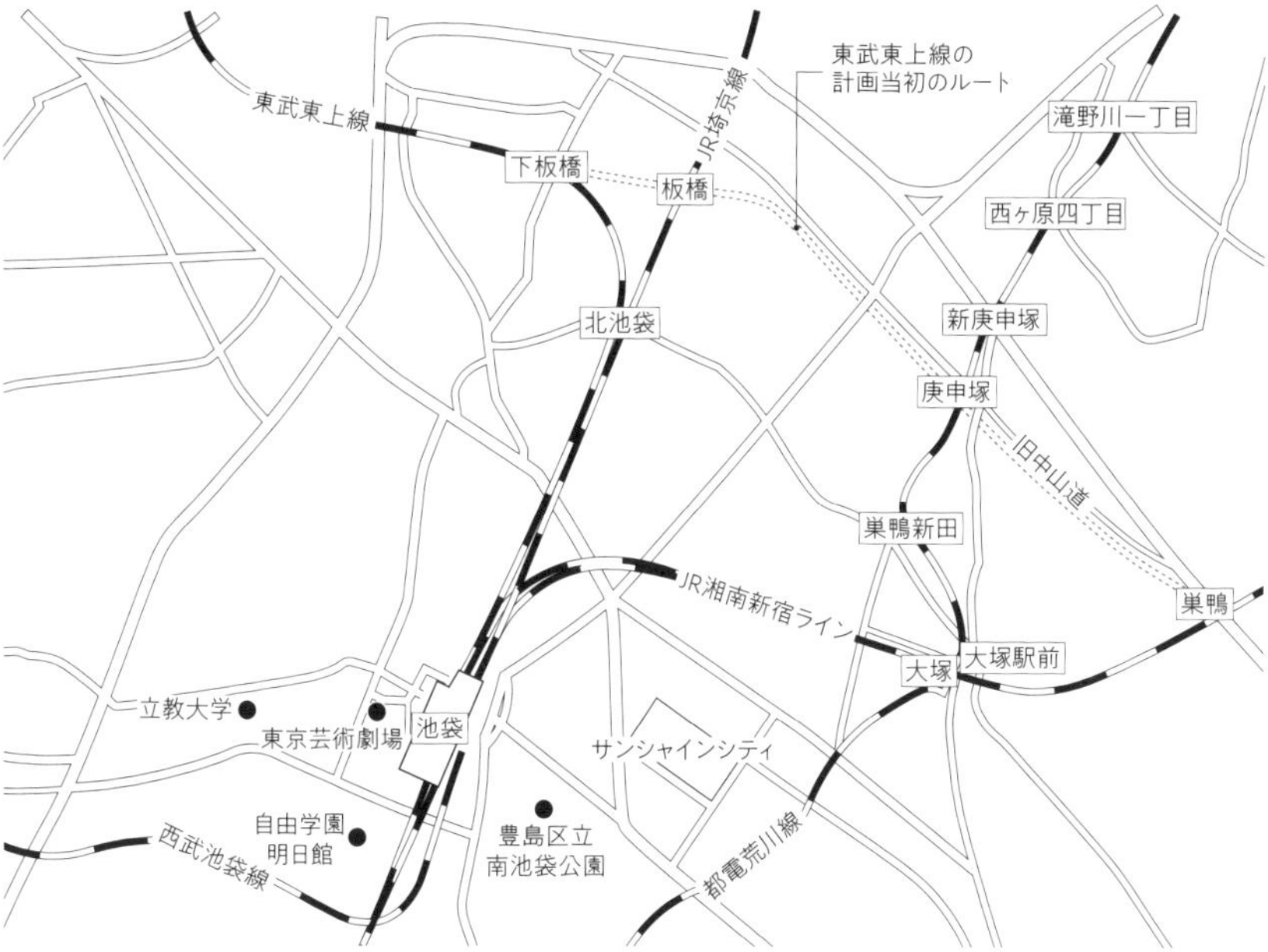

池袋駅北側に限られていた「池袋」の町名が、 かつての雑司ヶ谷村、 巣鴨村にまで拡大した

3　巣鴨監獄がサンシャインシティへ転生

1923（大正12）年の関東大震災後の池袋駅は、ターミナル駅となりながらも駅東口側で商業集積地としての広域的な広がりが見られなかった。巣鴨監獄（後の東京拘置所）が大きな敷地を占め、都心からの開発の波を強固に阻止し続けたからだ。昭和初期の時点で池袋駅東口への路面電車の乗り入れはまだない。一方、大塚駅前は路面電車の路線が新たに2本増え、ターミナル駅としての評価が高まる。池袋駅東口前から現在の不忍《しのばず》通りに抜ける都市計画道路が何とか戦前に整備され、戦時色の強まった1939（昭和14）年、路面電車の池袋駅前乗り入れが可能に。だが、太平洋戦争で再開発が進捗しないまま、池袋駅周辺一帯は1945（昭和20）年の東京大空襲により焼失した。池袋駅前は空襲で焼失した空き地に闇市が出現。東口では駅前から代替地に闇市の移転がスムーズに進み早い段階で駅前開発が進捗した。

高度成長期、東武が西口で本格的な百貨店事業を展開する。東口では東京大丸が1968（昭和43）年に池袋パルコとなり、西武が巨大百貨店の道を歩みはじめた。ただし、高度成長期の開発でも広大な東京拘置所（巣鴨プリズン）跡地がネックとなり続けた。ここは、東條《とうじょう》英機《ひでき》ら7名の死刑が1948（昭和23）年12月23日に執行された場所だ★8。

首都圏整備計画（1958年）において、副都心に位置付けられた池袋の最大の目玉は東京拘置所の跡地利用だった。サンシャインシティと銘打ち、最頂部高さ240mの「サンシャイン60」を核に1973（昭和48）年から再開発が始動する。だが、池袋駅から離れた立地により、開業当初はテナント誘致に苦戦した。その後、高さ145mの超高層マンション「エアライズタワー」と豊島区役所の入る高さ189mの「としまエコミューゼタウン」が2010年代前半に相次いで建ち、サンシャイン60周辺の風景と人の動線を変えはじめる。エアライズタワー前に地下鉄副都心線の東池袋駅が開業し、サンシャインシティへのアクセスの利便性が増した。今後池袋駅東口との連続性がどのように展開するかが楽しみである。

★8　極東国際軍事裁判により死刑判決を受けた

現在の池袋

闇市は開発によって順次建て替えが進んで姿を消したが、栄町（さかえまち）通り、美久仁小路（みくにこうじ）は現在も当時の姿を残し続けている

サンシャインシティ周辺

東池袋中央公園には巣鴨プリズン跡石碑がある

10 白金に漂う高級感の出処

「白金」を「しろかね」と読まず、「しろがね」と読む人が世の中に多い。１９９０年代、ファッション雑誌が「シロガネーゼ」の言葉を流行らせた。白金に住みイタリアファッションに身を包む30歳代の若い主婦層を象徴的に登場させ、イタリアミラノの「ミラネーゼ」をもじり、「シロガネーゼ」と造語。白金という土地をよく知らなくても、「シロガネ」は多くの人の記憶にインプットされ、現代版の新伝説が定着した。白金にはもう1つ「白金長者」伝説がある。本来の「しろかね」の意味を別の意味にすり替えたこの伝説は、現在の白金の高級感を醸す重要なポイントになった。

白金を徘徊すると、歴史的建造物が出迎えてくれる旧豪邸、まとまった自然、趣のあるミッション系スクールが狭いエリアに密度濃く、ゆったりと立地し「高級感」を漂わす。しかし、このエリアは幾度かの「危機」を乗り越えてもきた歴史がある。この「高級感」と「危機感」という全く異なる要素が融合してこそ、白金らしさは生まれたのだ。

服部時計店（現・ワコー）の創始者・服部金太郎の屋敷（1993年竣工）は出羽米沢藩上杉家下屋敷跡、江戸期の敷地規模を大きく変えていない土地に建つ豪邸である

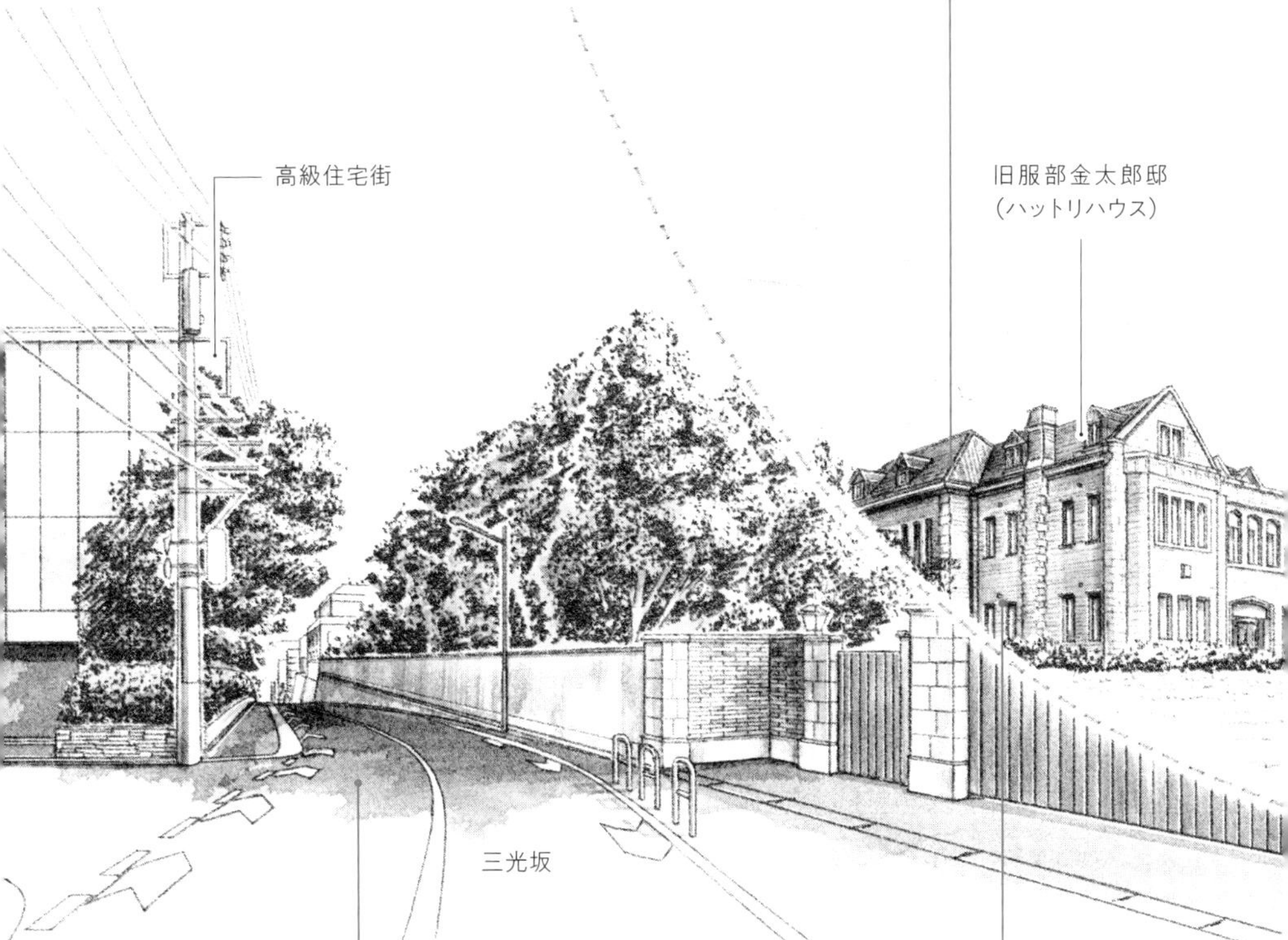

三光坂は緩やかにカーブし北に下る魅力的な坂である。 江戸期、この坂の両側は大名屋敷だった。 近代に入り、 左側の大名屋敷は分割されるが、 一戸当たり500~1,000 坪クラスの住宅が高級感のある「お屋敷町」の雰囲気を保ち続ける

白金には旧服部金太郎邸のほか、東京都庭園美術館、 国立自然教育園、聖心女子学院、明治学院大学、 八芳園などが狭いエリアに集中する

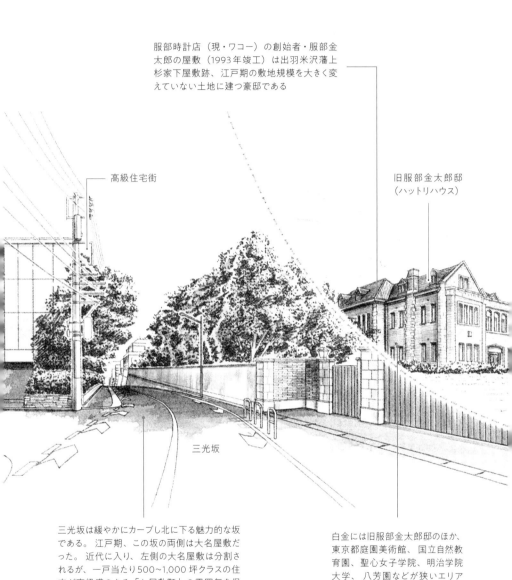

1 街の静けさを生む台地と低地

　白金は台地と低地が入り組む地形から、面白い形状の坂道も多い。ただし、それを物語としてイメージできないもどかしさがある。[★1]どうしてか。魅力的な空間は台地部だけで、低地部は歴史の痕跡が希薄だからだ。湧水がかなり豊富なため、台地に入り組む谷筋の低地はいつまでも開発されずに残り続けた。

　白金の場合、江戸後期の町人地は、現在の台地上を通る目黒通り沿いだけで、襞のように入り組む谷底に町人地が発達していない。

　白金は湧き水が豊富すぎ、坂道を下った谷底はあり余るほどの水量を湛える川が流れ、とても人が住める場所ではなかった。どう見ても戦後に開発された住宅地が目の前にあるだけだ。逆に、八芳園など水をふんだんに取り入れた庭園が今でも楽しめる。斜面を利用し、水を生かした屋敷づくりには適した環境。実に特殊なケースが白金といえる。

　そのことに気付くと、台地上の高級住宅地化されたエリアへアプローチできる坂道がごく限られ、しかも地形が複雑に入り組むことから、台地上の住宅地内の細い道は行き止まりの袋小路がほとんどであることにも気付く。自動車もうかつに入り込めない。高低差の有無の違いがあるが、外部者が無闇に入れないヴェネツィアの袋小路の路地によく似ている。白金でいえば魅力的な名も無き坂と袋小路か。これらが白金を白金らしくする仕掛けの1つであるようだ。

　白金の高級感漂う町はなんとなく自然に出来上がったわけではなく、「シロガネーゼ」というキャッチコピーが一人歩きして高級感をつくりあげたわけでもない。先に見た、危機を幾つも乗り越えてきた歴史が物語る。その1つ「プラチナ通り」は象徴的存在であろう。この道路は環状4号線として品川駅まで通す予定だった。ただ、予算が足りなくなり、一時的にストップ。[★2]やや他力本願的だが、そのことが白金の高級感を熟成させるうえで大いに意味をもった。「ほどよい静けさ」が奇しくも実現し、そこに「シロガネーゼ」とネーミングされた子育て世代の主婦が主人公となって白金に彩りを添えた。[★3]

★1　江戸市中の山の手は、台地部に武家地、低地部に町人地がつくられ、それを結ぶように魅力的な坂道があった。しかし、白金はそうではない

★2　東京都全体の道路整備の優先順位からも緊急性を帯ていなかった

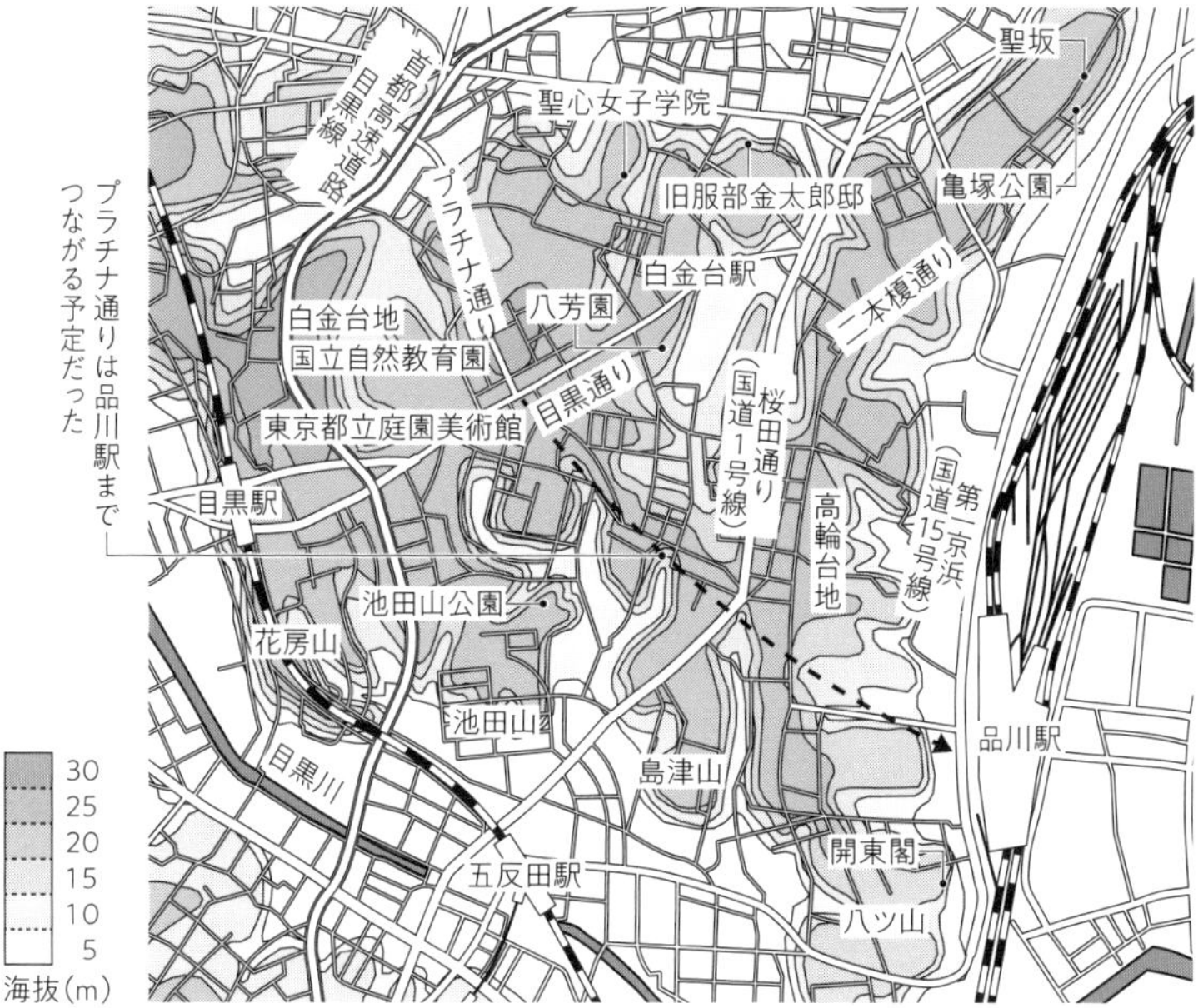

現在の白金の地形

白金には「三光坂」などいくつかの坂に名が付いているが、ほかの多くが無名の坂。本来であれば、台地上に武家地があり、水が得られる低地に町人地ができる。需要と供給のなかで、台地上と台地下の関係が濃密になる。そこを結ぶ坂道が意味をもち、坂に名前も付けられる。台地の上と下の関係が希薄であり、魅力的な形状の坂なのに名前が付いていない。それが白金の特徴でもある

★3 品川駅まで道路を貫通させる状況へと変化する兆しがある。これは「まちとは何か」を考えさせる絶好の機会かも知れない。町のために自然を守る、環境を守ることを地域エゴとしてきた時代は過ぎ去っている。白金自体はそのような時代に高速道路の無謀な計画を「ノー」といい、国立自然教育園も、旧朝香宮邸も守ってきた歴史がある。その意味で、道路計画も単に車をスムースに流す全体計画で押し通すべきではないと筆者は考える

2　室町期から残り続ける土塁

「伝説」は都合よく、あたかも古くらそうだったかのように「後付け」される場合が多い。室町期、莫大な財力を誇る豪族が白金の地に存在した。何万坪もある国立自然教育園内に、その豪族の築いた土塁が証しとして今も残る★4。しかし、大規模な土塁を豪族が当時どうして築いたのかなど、謎が多い。後付けの説がつくりやすいとしても、むしろ土塁が残されたことに高級住宅地白金を考えるヒントがある。

　国立自然教育園の敷地内に残る貴重な土塁の遺構は、江戸期になると高松藩松平讃岐守家の広大な下屋敷になった。だが、屋敷全体を庭園にするには広すぎた。せいぜい屋敷周り近くの一部、現在のひょうたん池周辺を回遊式庭園にしたくらい。あとはそのままにし、江戸期を通じて土塁が残る。明治初期には軍の弾薬庫に。弾薬庫は大規模な施設を必要としない。しかも、弾薬が爆発した時を考慮し、分散させた。弾薬庫の周りを強固な煉瓦の塀が囲う。室町期に築かれた土塁は、爆発時の二次被害を食い止める格好の壁となり、手つかずのまま残った。その後、広大な土地は１９１７（大正６）年に御領地に、１９４９（昭和24）年には文部省の管轄となり、広大な自然とともに土塁も残り続けた。強固な煉瓦塀は撤去されたが、弾薬をつくる炭に使うジャヤナギの木が国立自然教育園に今もすくすくと成長し続け、自然のままに維持されてきた環境と土塁の語り部となった。

　奇跡的に現代まで残り続けた土塁だが、その館の主は「白金長者」がいたという伝説だけで皆目分からない。「しろかね」を「白金」の漢字としてあてた江戸期の人たちも、現代の私たちと同様の状況にあった。大層な金持ちの豪族がいて、立派な土塁を残して消えてしまったという程度だろう。室町期は「銀」を「しろかね（白金）」といい、土塁を築いた豪族もきっと銀をたんまりと蓄えていたはずだとの仮設が膨らんだ。都合のよい解釈だが、それではと「わが村は白金と漢字で書くことにしよう」ということに。しかも、新たな白金長者の伝説はいつの間にか土塁を築いた室町期まで遡った。

★4　豊富な湧水を土塁の外に吐き出すために地中に設けられた水路がある。敵が押し寄せてきた時、それを止めれば、広大な水面が館の周りを水没させ、守りを固める仕組み

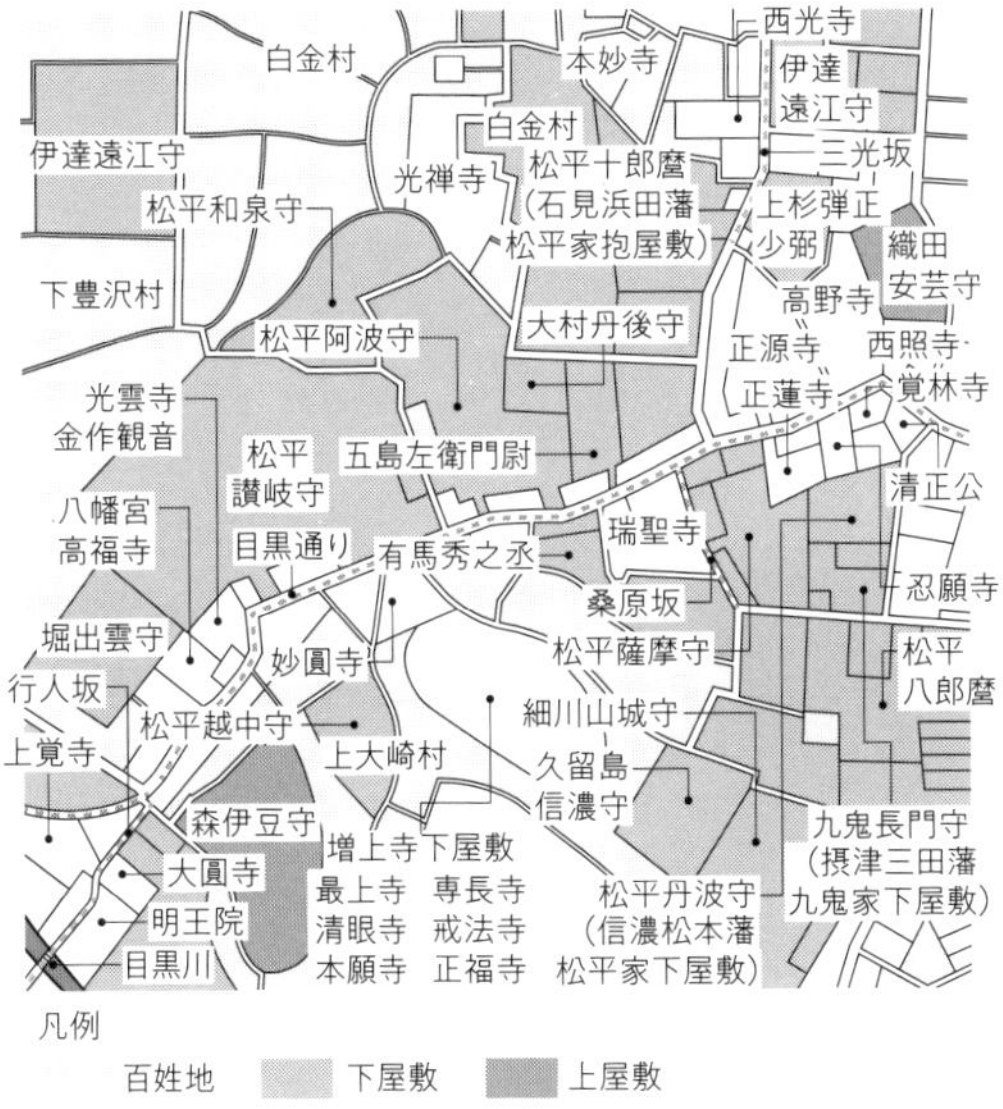

1857年ごろの白金周辺

豪邸だけでなく、学校も密度高く白金エリアに立地する。特に高級感を醸し出すミッションスクールは、石見浜田藩松平家抱屋敷※跡に立地する聖心女子学院や、摂津三田藩九鬼家下屋敷、信濃松本藩松平家下屋敷などを合わせた跡地に立地する明治学院大学が白金のステータス感を高める

※抱屋敷とは、郊外の農地を買い取ったり、借り上げてつくられた屋敷である

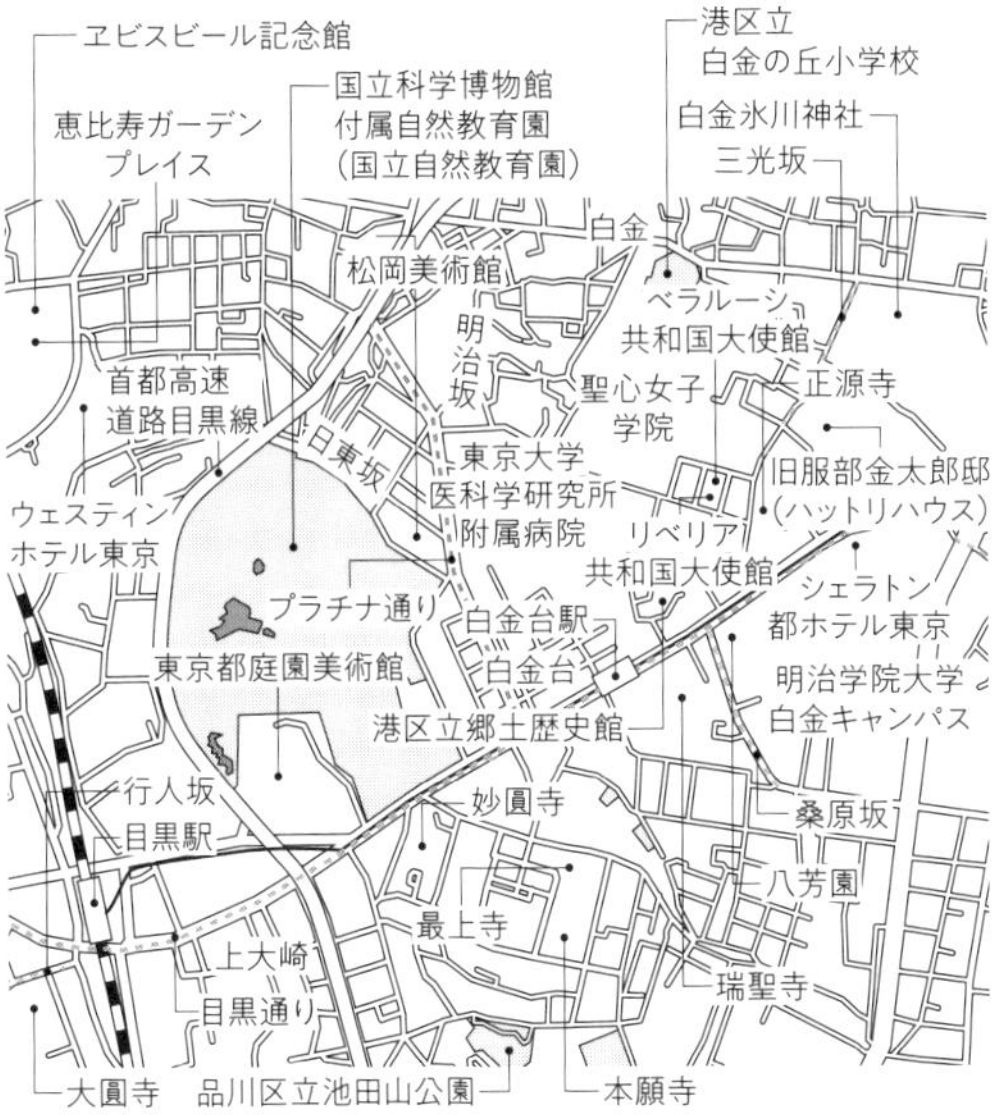

現在の白金周辺

江戸の郊外地ながら、豊富な湧水を求め、大名の下屋敷が立地した。大名は巨大化する江戸の中心部を避けて静けさを求め、ひなびた風情を楽しんだであろう

3 大名屋敷跡に建つ旧朝香宮邸

白金は、明治期以降大規模な開発が行われず、大名屋敷跡の土地形状が残り続けた。大正から昭和初期にかけ東京の人口が急増し、関東大震災後まで荒れ放題だった大名屋敷跡地が着目される。宮家、実業家がこの広大な土地を再整備し、贅を尽くした庭園を設けて屋敷とした[★5]。その「豪邸」のひとつ、宮家の朝香宮《あさかのみや》鳩彦《やすひこ》親王邸（1933年竣工）は、讃岐高松藩松平家下屋敷跡の一部があてられた。旧朝香宮邸は後に東京都庭園美術館（1983年一般公開）となり現在まで引き継がれている。

東京都庭園美術館の正面玄関に入ると、目の前にルネ・ラリックがデザインした立体的なガラスをはめ込んだ玄関ドアがある。そのデザインは誰しもの目を引く。しかし、中央の2枚のガラスは割れてしまいオリジナルではない。オリジナルは両サイドの2枚だけ。また、気軽に踏んでしまっている玄関前の床はすべて、美しいモザイク模様の自然石が埋め込まれたものだ。ただし、これら一級の文化財が単に残ったわけではない。旧朝香宮邸には「存続の危機」が2度あった。最初の危機は、戦後GHQから出された「皇族の特権を廃止し、14家の資産に課税」するという危機である[★6]。その救世主は、当時首相と外務大臣を兼務しており、2階の書斎をこよなく愛した吉田《よしだ》茂《しげる》[★7]（1878～1967年）だ。2番目の危機は旧朝香宮邸の庭園に沿う首都高速道路だった。旧朝香宮邸の真ん中を高速道路が通り抜ける当初の計画が実行されていれば、現在の美術館は存在していない。実は危機はそれだけではない。この美術館の価値評価には、建物、庭園の質の高さとともに、家具、調度品の素晴らしさがある。だが、土地と建物を東京都が引き取る際、建物内の家具・調度品の一切を引き取らない条件が加えられた。これらの家具・調度品が展示に邪魔だった。それは「庭園美術館」の名称からも感じられる。当時は、日本庭園と展示する美術品を飾る器《うつわ》（建物）があればよかった。その後、家具・調度品の価値に美術館が気付いて少しずつ買い戻し、3番目の危機を乗り越えた[★8]。

★5 たとえば、現在の八芳園のベースとなる日立製作所の創始者で知られる久原房之助（くはらふさのすけ、1867~1965年）の旧邸（1915年竣工）は、旧薩摩鹿児島藩島津家抱屋敷跡である

★6 朝香宮の財産税は全財産の79%にも及んだ

★7 吉田首相が外務大臣の公邸として使ったことで、GHQの接収から免れた

旧朝香宮邸の外観

旧朝香宮邸（現 東京都立庭園美術館）の外観、内観、そして家具と装飾はほぼすべてがアールデコの様式でまとまっている。ただし、玄関を入る前の両側にいきなり唐獅子が2体置かれ、アールデコをこよなく愛した鳩彦親王だけに出鼻を挫かれる。よく見ていくと、旧朝香宮邸はアールデコ一色ではない。小食堂には床の間らしき設えがなされ、妃殿下の寝室には和風の建具が設けられてもいる。旧朝香宮邸には所々に和風のテイストも埋め込まれたのである

旧朝香宮邸の玄関ドア

少しくすんでいて注目されないが、玄関ドアをよく見ると、オリジナルである両サイドのガラスのほうがやはりデザイン性が高い。1つひとつの細部をじっくり見ていかないと、この建物の奥深さには触れることができない。旧朝香宮邸は、大食堂の天井に塗られた漆喰の巧みさ、普段非公開の「ウィンターガーデン」、白磁の噴水塔が置かれた「次室」の壁にちりばめられたプラチナ（白金）など、見所満載である

★8 買い戻しを地道に行ってきた結果が、現在の庭園美術館の評価に生きている。建物と当時使われていた家具があってこそ、文化財としての価値は高まる。それを実証した先例が東京都庭園美術館だった

11

春日の坂をめぐる探求

春日《かすが》通りと白山《はくさん》通りが交わる交差点付近、南東側にはかつて春日局★1（１５７９〜１６４３年）の拝領地があった。★2 この土地が春日局の死後町人地に。そのとき、「春日」の名が残り、地名が「小石川春日町」となる。しかし、１９６４（昭和39）年の住居表示実施で「春日」の町名が本郷一丁目に吸収され、消滅する。

上野から本郷三丁目を抜け大塚まで至る古くからの道が、市電を通すため明治期に拡幅整備された。「春日」の町名と共に、春日局の菩提寺・麟祥院が道沿いにあり、その縁で通り名が後に春日通りに。１９６４（昭和39）年の住居表示実施では、白山通り西側、春日通りに沿う南側斜面地が新しく「春日」の町名となる。春日通りが仲介し、春日局由来の「春日」の町名は別の場所で生き残った。★3

歴史が浅い現在の「春日」の町名だが、水戸徳川家上屋敷だった小石川町から、牛天神社のある仲町、永井《ながい》荷風《かふう》（１８７９〜１９５９年）が幼少期に暮らした金富町《かなとみちょう》、最後の将軍徳川慶喜《よしのぶ》（１８３７〜１９１３年）が終《つい》の住処《すみか》とした小日向第六天町と、坂道と絡む濃厚な歴史がおもしろい。★4

★1　三代将軍家光の乳母
★2　春日局付である数十人の下男たちが住まう土地だった
★3　江戸期と現在の「春日」の町名エリアは重ならない

江戸後期

現在

水戸徳川家上屋敷は外濠（市谷濠）側に立派な表御門が配された

関東大震災後に移転した陸軍の東京砲兵工廠（砲兵工廠第一砲兵方面）跡地には、1937（昭和12）年に後楽園球場が開設する。戦後は「後楽園ゆうえんち」が開園するなど娯楽の場として今日に至る。1988（昭和63）年に東京ドームが、2000（平成12）年に東京ドームホテルが開業するなど、風景を変貌させた

★4　白山通り西側には、徳川御三家の一つ、水戸徳川家の10万坪を超す広大な上屋敷があった。この地で最後の将軍・徳川慶喜が生まれ育つ。水戸家の屋敷は、小石川・目白台地の先端部分にあり、南側が比較的平坦な低地となる。現在の庭園（小石川後楽園）は中屋敷時代に整備され、古い時代の庭園様式が残る

1 牛坂と牛天神社の伝説

小石川後楽園の北側、春日通り沿いには、文京区役所、礫川《れきせん》公園★5、中央大学理工学部がある。江戸期、これらは水戸徳川家の上屋敷内だった。

屋敷に隣接した西側には、牛天神社が小石川・目白台地の突端に位置する。この台地斜面下の微高地を辿って流れる神田上水が丁度、牛天神社表参道下付近から水戸徳川家上屋敷内に流れ込む。御三家は江戸の水管理を担っており、水戸徳川家は神田上水を管理した。小石川・目白台地上にある牛天神社の北西側、台地の斜面を上がる坂道が牛坂。江戸城天守閣がまだそびえていた寛永期、牛天神社の境内からは勇壮な天守閣が望め、江戸城越しに内海（現・東京湾）も視界に入ったであろう。

牛天神社では、牛に乗った菅《すが》原《わらの》道《みち》真《ざね》（845〜903年）の御神託から、黒牛を守護神とする伝説が生まれた。ここは、撫《な》でると願いが叶う「撫で岩（ねがい牛）」発祥の神社として知られる。源《みなもとの》頼朝《よりとも》（1147〜99年）が1184（元暦元）年に牛坂途中の大きな石に腰掛けて休息していたとき、牛に乗った菅原道真が夢に現れた。夢からさめた頼朝は、腰掛けていた石が牛に似ていると気づき、この石を祀り、牛天神社を創建した。

『江戸名所図会』「牛天神社　牛石　諏訪明神社」の挿絵を見ると、小石川・目白台地の突端にある神社は、西と南の2方向が高低差のある崖。眺望はかなりよく、境内の西側には茶屋がずらりと並ぶ。牛込台地越しに富士山が望めた。牛天神社の別当寺は表参道下にあった竜門寺。現在の牛天神社は、挿絵に「裏門」と記された参道だけが残り、表参道の役割を果たす。牛天神社の斜面沿いを回り込む牛坂は、積み重なる歴史の趣を感じ取れる。

徳川家康の生母である於大《おだい》の方《かた》の菩提寺・伝通院参道は、南に延び、神田川の河岸段丘斜面につくられた安藤坂に至る★6。江戸期の安藤坂は、現在のように水道通り（巻石通り）まで真っ直ぐ下っておらず、途中左に折れ牛天神社の裏参道下、牛坂に突きあたっていた。小石川・目白台地の斜面を安藤坂から西に行くと、最初に出合う坂道が金剛坂となる。

★5　礫川は小石川の別名

★6　この坂に沿った西側には紀州徳川家の付家老安藤飛騨守直裕（1821~85年、3万8800石）の上屋敷（屋敷規模3845坪）が江戸期にあり、安藤家が坂の名となる

江戸期の春日

水戸徳川家上屋敷の東側に春日局の拝領地があったことから、「小石川春日町」の名が付けられた。現在の春日通りを東に行くと、東京大学のキャンパスに隣接して春日局の菩提寺「麟祥院」がある

『江戸名所図会』巻之四　天権之部

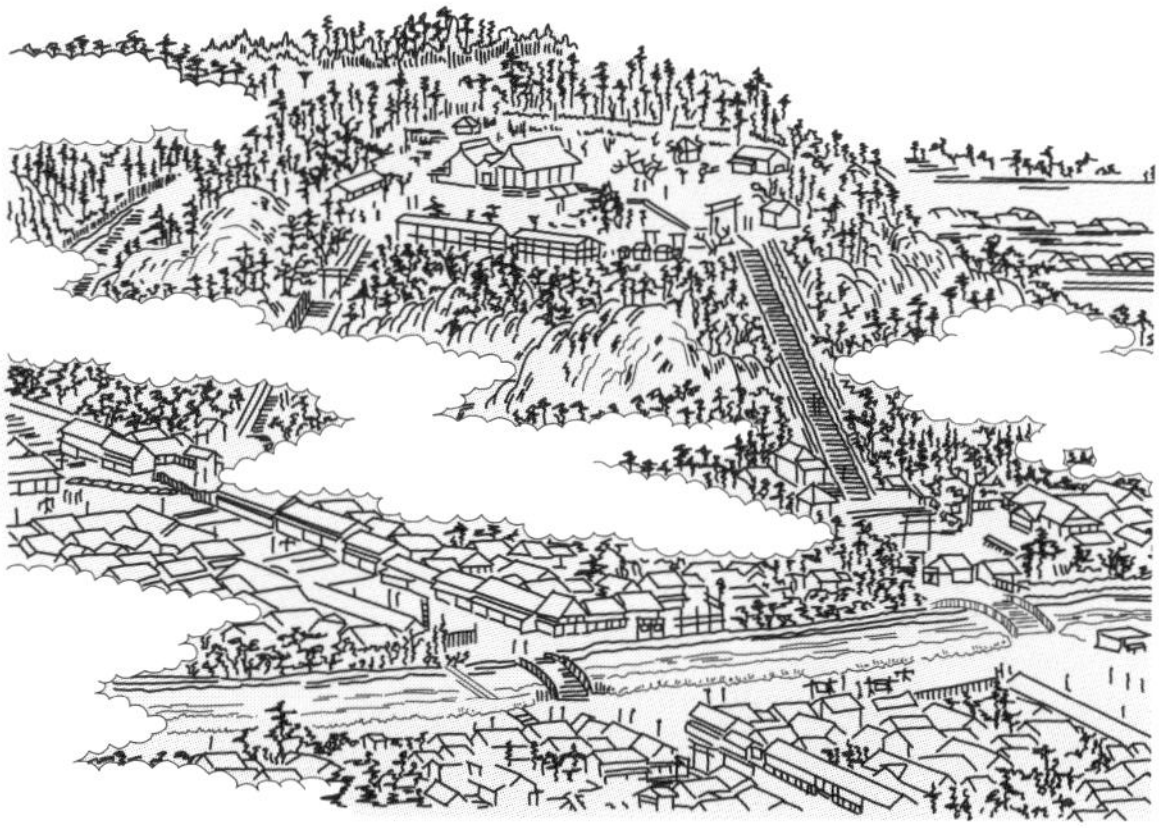

『江戸名所図会』の「牛天神社 牛石 諏訪明神社」と題した挿絵は、見晴らしのよさを強調する。小石川・目白台地から突き出た先端に位置することから、房総半島、富士山と、起伏に富んだ江戸のダイナミックな地形をわがものにできた。境内に茶店も多い

2 金剛寺坂と永井荷風

小石川・目白台地の北西側は、神田川が台地を削り取った河岸段丘の崖面となる。金剛寺坂と今井坂は江戸期にこの斜面を削り通された。金剛寺坂は、台地上から、神田上水に沿う水道通り（巻石通り）まで下る坂道。現在の金富小学校と竜閑寺の東側にはかつて広い境内を持つ禅寺の金剛寺があり、寺の名が坂名となる。金剛寺は関東大震災後に中野区上高田四丁目へ移り、現在、寺があったころの面影はもうない。金剛寺の本堂は、台地斜面のなかほどに位置した。水道通りに向けて立派な参道が延び、境内東側に隣接する坂道側に本堂の正面が向けられていたわけではない。だが、この寺院以外に適当な坂名となる対象がなく、坂名が金剛寺坂に落ち着いた。

金剛寺坂の東側、旧金富町45番地（現・春日2-20-25）は、『墨東綺譚』『断腸亭日乗』などの作品で知られ、1879（明治12）年に生まれた小説家・永井荷風が少年時代を過ごした場所だ。住まいは、坂の途中から東に向かって延びる道を入った左側斜面上の土地。★7 1886（明治19）年になると、神田川が近くを流れる黒田小学校に荷風は入学した。金剛寺坂を下り通学する。黒田小学校は4年で卒業し、次に台地上にある旧竹早町の師範学校附属小学校に転校した。今度は金剛寺坂を上がる。金剛寺坂は荷風にとって通い慣れた坂道だった。

自伝的短編小説「狐」（1910年作）では、荷風は子供のころの思い出を書く。「旧幕の御家人や旗本の空屋敷が其処此処に売り物になっていたのをば、其の頃私の父は三軒ほど一まとめに買ひ占め、古びた庭園の木立をそのままに広い邸宅を新築した」と。これは1875・76（明治8・9）年ころの話である。最後の将軍慶喜が明治天皇に江戸城を明け渡した後、徳川将軍家に仕えた旧幕臣たちは住む屋敷の維持が難しく、手放した。その土地を明治新政府に勤める荷風の父親が手に入れた。★8

慶喜は1901（明治34）年から今井坂沿いの屋敷に住まう。金剛寺坂と今井坂は隣り合う坂道。少年期に過ごした自宅近くを成人してからも時々散歩した荷風であり、2人はどこかで偶然すれ違っていても不思議ではない。

★7 1893（明治26）年飯田町に住まいを移すまでの約13年間、荷風はこの地で暮らした

★8 荷風の父が買った土地は、延宝年間（1673~81年）まで御鷹匠同心大縄地（組屋敷）だった。元禄以降は複数の旗本屋敷となり、その後はほとんど区画を変えていない。手に入れた3軒の旗本屋敷のうち、斜面下にある道に面した土地は代々河合家が屋敷を守り続けており、落ち着いた雰囲気の環境が維持されていた

明治10年代の春日の地形

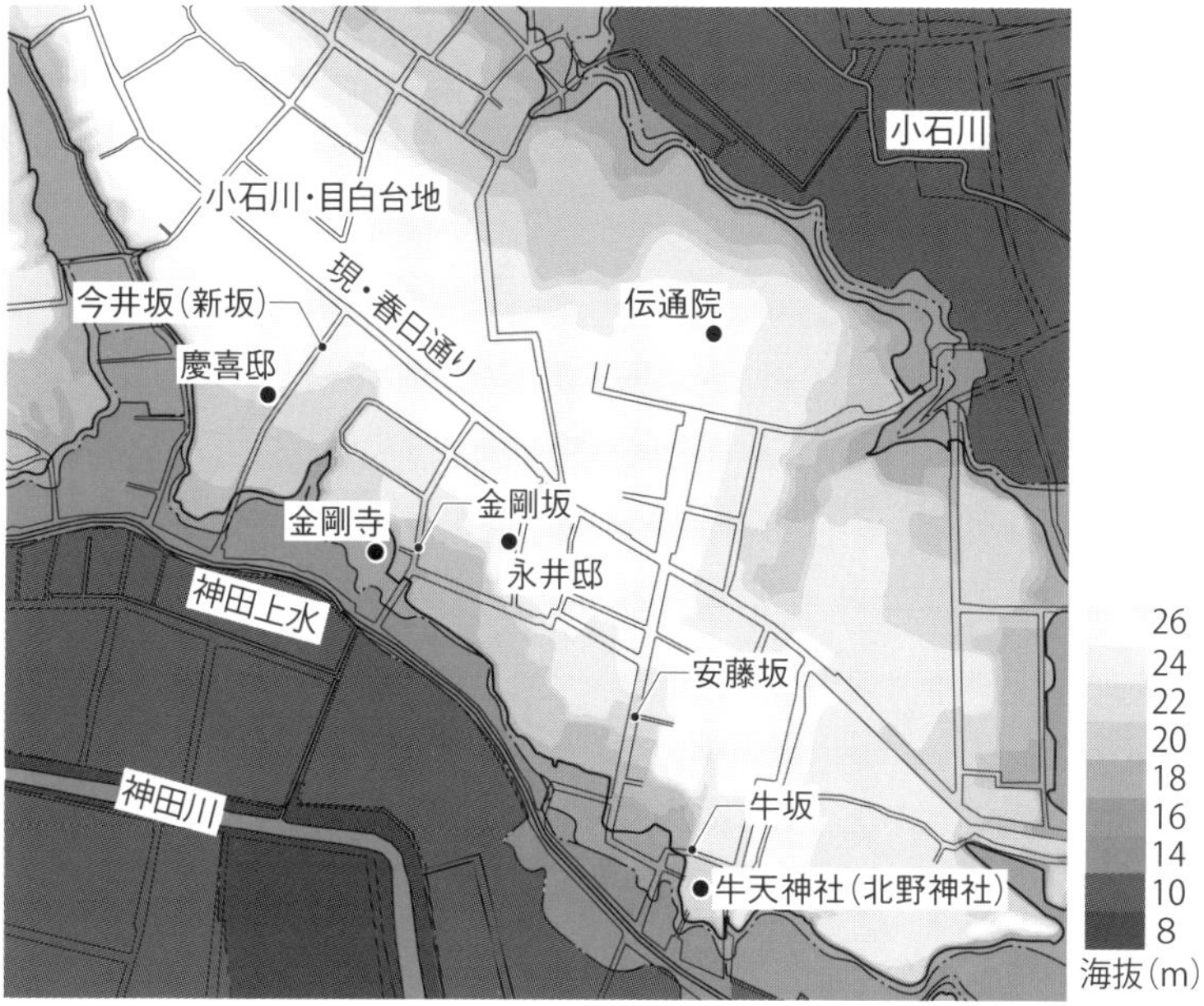

小石川・目白台地の尾根づたいに現在、春日通り（国道254号線）が延びる。この道は江戸時代初期から、上野から板橋宿方面に至る重要な交通路の役割を担った。尾根道から斜面下の神田上水に向け、安藤坂、金剛坂、今井坂が下る

3　今井坂と徳川慶喜

江戸城を明け渡した徳川慶喜は、十五代将軍として徳川幕府を崩壊させた汚名を一身に受け、静岡で長い謹慎生活を送り続ける。1897（明治30）年11月、やっと静岡から東京へ戻れた慶喜。それからは、呪縛が解けたように好転に向かう。最初に手に入れた屋敷は後に巣鴨駅となる場所の近く（現・巣鴨一丁目26〜33）。3000坪の敷地に建坪400坪の屋敷が建てられていた。

しかし、数年後には手に入れた巣鴨の屋敷周辺に近代化の波が押し寄せた。日本鉄道豊島線（現・JR山の手線）と巣鴨駅（開業は1903年4月1日）の建設工事が慶喜邸近くではじまり、騒音や人の出入りが激しくなる。それを嫌った慶喜は、1901（明治34）年12月に小日向第六天町（現・文京区春日二丁目）の高台、今井坂の西側にある敷地規模3000坪の屋敷（東京小日向邸）へ転居した。現在の国際仏教学大学院大学の敷地にあたる。敷地規模は巣鴨とほとんど変わらない。だが、1883（明治16）年と1909（明治42）年の地図を比べると、建坪が1000坪となり、2・5倍の広さに拡大した。慶喜の資産が目に見えて増えた証であろう。小日向第六天町に移って半年後（1902年6月3日）、公爵に叙せられた慶喜は徳川宗家から独立し新たに慶喜家を興す。すでに株の配当などの収入がかなりあり、経済的にも宗家から自立する。

慶喜の屋敷沿いを抜ける今井坂は、はじめ新坂と呼ばれた。その後、坂道は新坂から今井坂に名を変える。1732（享保17）年に菊岡《きくおか》沾凉《せんりょう》（1680〜1747年）が著した地誌『江戸砂子』において、沾凉は坂上にある蜂谷《はちや》孫十郎《そんじゅうろう》の屋敷内に兼平桜と名づけられた大木があったと書く。坂上は、壮絶な死を遂げた今井《いまい》四郎兼平《しろうかねひら》に因む見事な桜の大木が目印だった。

ただし、坂名が「兼平坂」では江戸っ子らしい洒落っ気がなく、さらにひとひねりして「今井坂」としたところが江戸っ子の思いつきの面白さ。その屋敷にある見事な桜の大木を目にした菊岡沾凉の思いが文字となり、現在に脈々と生き続ける。知識を得て坂上に立つと、当時の光景が甦るようで、何とも言えない不思議さがこの坂を歩いて沸きでる。

東京小日向邸

慶喜が終の住処とした屋敷は、 小田原藩大久保家宗家の支藩、 相模荻野山中藩大久保家下屋敷（1万3000石、3111坪）。 ここは、 江戸後期に大久保出雲守教孝（1787~1860年）、 大久保長門守教義（1825~85年）と代を重ね、 明治に入ってからも屋敷を維持した

12

大きな窪がない土地、大久保

「大久保《おおくぼ》」といえば、エスニックタウン。新大久保駅を中心とした大久保一帯は、日本最大のコリアンタウンである。それとともに、中国、タイ、ミャンマー、インドなど、さまざまなアジアの国の料理店・雑貨店などが混在して通りに並び、町を国際色豊かに彩る。近年はイスラム系の人々も増え、ますます多民族の混在化が進む。

外国の人たちが住み暮らす大久保だが、その街区の割られ方を見ると都市空間の特殊さが一目で分かる。現在の大久保通り（かつての御箪笥町《おたんすまち》通り）両側の街区は間口が狭く、奥行きが大変長い。この街区割りは明治以降の街区境界に通された細い道が影響し、江戸期とさして変わらぬ街区形状を今も維持する。ここには周囲より大きく窪んだ「大窪」があり、それが「大久保」になったとの説が有力だ。

ただ、大久保の地名が生き残るエリアを歩いても、地形とあまり結びつかない。「大久保」はどのように今日に至ったのか。地形とのかかわりから、大久保の都市形成プロセスを紐解いていく。

現在の百人町には中国や韓国、タイなどのさまざまなアジア料理店・雑貨店が建ち並ぶ。建物の外装（色味や装飾）はさまざまで、多言語の看板が数多く見られる
新大久保駅
JR大久保駅
方向
大久保通り沿いにある両側の街区を見ると、細長い特殊な形状になっていることが分かる。江戸期、ここには鉄砲組の組屋敷が置かれていた

1 江戸期には鉄砲組が暮らした

徳川家康は江戸入府当初から、江戸城が落城した時の対応策を想定していた。江戸城西側の半蔵御門を出て内藤新宿から甲州街道を抜け、八王子城を経て甲斐国《かいのくに》（現・山梨県）の甲府城に逃れる構想だ。その際に動員される鉄砲隊として、御鉄砲百人組が現在の新宿区百人町に配された。鉄砲組の組織は現代風にいうと、別格の組頭が部長以上、与力が管理職の係長クラス、同心が平社員にあたる。

1916（大正5）年刊行の『東京府豊多摩郡誌』によると、江戸初期に内藤清成《ないとうきよなり》（1555～1608年、通称は弥三郎《やさぶろう》）が御鉄砲百人組に属する伊賀者を現在の百人町に定住させたとある。当時、周囲はまだ雑木林が広がる人里離れた寂しい土地だった。1830（天保元）年に完成した『新編武蔵風土記稿』では、近隣意識を高める策として「間口狭く、奥行長く」と家康が命じ、独特の敷地形状にしたという。1643（寛永20）年の「寛永江戸全図」には「久世三四郎《くぜさんしろう》」配下の同心が配された様子を描く。「内藤弥三郎」の名も絵地図にある。清成の孫にあたる三代目の内藤重《しげ》頼《より》（1628～90年）は幼少で家督を継いだことから、この時の内藤家は大名から一時旗本に格下げとなる。

久世三四郎広当《ひろまさ》（1598～1660年）は1635（寛永12）年から没する1660（万治3）年までの四半世紀の間鉄砲組頭であり続けた。以降「三四郎」の名が代々受け継がれる。江戸後期、組頭の久世三四郎広義《こうぎ》（5116石★1）は御箪笥町通り（現・大久保通り）に面した南側に1万2311坪の抱屋敷《かかえやしき》★2を役宅としていた。「久世三四郎」家は江戸初期から鉄砲組頭を代々世襲し、幕末まで続く。大縄地《おおなわち》★3は、下級武士の宅地として職務上同じ組に属する者どうしにまとまって与えられた屋敷地である。与力・同心が住まう屋敷は大縄地を分割した敷地で、さしずめ一戸建ての社宅というところか。広大な敷地だが、同心では幕府からの支給だけではとても生活できない。そのため、背後の土地の多くは鉄砲の訓練場であり、同時に自給の助けとなる農地だった。

★1 2022年換算で、1石=約5万2360円。現代で約2億6787万円分の年間収入に当たる俸禄を賜っていた

★2 抱地（かかえち、武士・寺社・町人が百姓地を買い取り、所有した土地）として屋敷を構えて住む武家地を指す。場所は、現・歌舞伎町一丁目、大久保病院あたり

★3 組屋敷と同義

1643年の土地利用

「内藤弥三郎下屋敷」には「久世三四郎与力」と記された間口の狭い奥行の長い敷地がいくつも混在する。甲州街道北側にも「久世三四郎与力」の名があり、街道の両側に与力の組屋敷※が置かれた。当初から甲州街道沿いと百人町の2カ所に鉄砲組を配した

☆ 久世三四郎与力、★ 久世三四郎同心、◎ 内藤弥三郎下屋敷、□ 朝倉筑後下屋敷

※組屋敷は下級武士の住まい。職務上の同じ組に属する者どうしにまとまって与えられた屋敷である

御鉄砲百人組は、屋敷の背後にある畑で鉄砲の訓練をしていたと考えられる

2「大久保」に「大きな窪地」がない

町名として現在名が残る「大久保」は、南が歌舞伎町二丁目を町丁界とし、北側に向けて一丁目から三丁目までのエリアを指す。古くは西大久保村と呼ばれていた。この村は西隣の百人町と同様に、江戸期から短冊状に割られた独特の敷地形状が今も残り続ける。ただし、このあたりを歩いても平坦な地形が続くだけ。地名の由来となった大きな窪地はない。大久保通りから独特の町割りをつくる境界に通された道の1つをさらに北上すると、平坦な台地をわずかに削り取って窪む痕跡が体験できる。これを「大窪」と呼べるのかと、頭に疑問符がちらつく。

『新編武蔵風土記稿』には西大久保村に関する記載がある。その中で2つの記述が気になった。

1つは「当村古《いにしえ》より御鉄炮玉薬組及《および》同し《じ》筋より上られし者の大縄給地なり」との1文。農地として不向きな土地は西大久保村だが、後に百人町の御鉄炮玉薬組★4と関係する者が土地の一部を賜る。敷地の割り方も百人町と類似する敷地形状に変化した。そのため、西大久保村は大縄給地として割られた隙間に配されているかのように見える。

もう1つは「天水を待《まつ》て耕植す」との記述である。西大久保村の農地は天水に依存しており、川や池などがない雨頼みの土地だったと分かる。ただし、西大久保村の北側あたりまで行くと、わずかな窪地から突然湧き出した小川の秣川《まぐさかわ》★5が南から北へと流れて、江戸期に諏訪《すわ》神社の別当寺だった玄国寺《げんこくじ》境内の池に至る。このあたりは台地と低地の際《きわ》、高低差のある河岸段丘から豊富な湧水が噴出しており、水量をさらに増した。川の名が馬尿川《ばにょうがわ》と改められ神田川に流れ込んだ★6。この川近くの「高田馬場」周辺は馬を放牧する草原だった。「高田馬場」は、赤穂浪士《あこうろうし》で知られる中山安兵衛《なかやまやすべえ》（堀部武庸《ほりべたけつね》）が同じ道場に通う菅野太郎左衛門《すがのたろうざえもん》を助太刀した「高田馬場の決闘」の場所。現在の戸山小学校あたりである。明治初期には放牧地の一部が華族や政府高官により運営された競馬場となる★7。このエリアは確かに川の痕跡を感じさせる窪地があったが、「大窪」ではない。

★4　幕府直属で軍事に用いる鉄炮や火薬などの整備・供給を担う役職
★5　秣（まぐさ）は牛馬の飼料
★6　「秣」と「馬尿」はいずれも馬にまつわる名である
★7　その後、競馬場が上野に移転し、跡地の広大な敷地は陸軍の射的場として戦後まで占有され続けた

土地利用の変遷

江戸後期の土地利用と、現在の地図を重ねた。百人組組屋敷は、甲州街道近くに与力大縄地が置かれ、少し奥に入ったところに同心大縄地が配された。現在でも、その構造を確認できる

3 新宿の町に「大窪」あり

大規模団地の都営戸山住宅（旧戸山ハイツ）は、江戸期尾張徳川家の広大な下屋敷だった。団地に隣接して現在都立戸山公園があり、そのあたりの土地が低い。かつては豊富な蟹《かに》川《がわ》の水を屋敷内に引き入れ、庭園として大きな池が設けられた。

その近くには東京都23区で最も標高が高いとされる箱根山がそびえる（44・6ｍ）。今も東京23区内で最高峰の山を誇る。池の水はさらに穴八幡神社前を下り、早稲田大学大隈庭園の東脇を抜けて神田川に出た。現在は暗渠である。

逆に江戸期に神田川に注いでいた蟹川を花園神社あたりまでさかのぼると、出雲母里《もり》藩松平志摩守の下屋敷（現・新宿五丁目）内に行きあたる。江戸期は敷地の4分の1以上を大きな池が占めており、ここが源流の1つ。もう1つの源流は、西武新宿線西武新宿駅ホームのなかほどにあった。現在の新宿区歌舞伎町一丁目と二丁目の町丁界となる道は曲がりくねる。この道がかつての川の跡。江戸後期になると、川はすでに流れておらず、川に沿った自然堤防上の農道だけが残り続けた。新宿六・七丁目はイレギュラーな道が街区内をいくつも抜ける。地形も中央が窪み、都営戸山住宅の方に向けて低くなり、窪みがさらに深さを増す。

職安通りから入る永福寺脇の細い道は、江戸期の道とピタリと重なる。そこから蛇行し西に下って延びる道があり、その先で交差する。この道も江戸期の古道である。道は左に右に曲線を描きながら北へ延びて大久保通りに行きあたる。ここにも、湾曲する道があり、東に進むと椎木坂《しいのきざか》と呼ばれる坂道となる。台地上にある村内から川へ下りる道だ。下り切ると永福寺脇から入る細い道と合流し、このあたりで南から北へ流れ下る川筋と交差する。深い谷をつくりだしたこの蟹川は、都営戸山住宅の方へと流れた。

縦横に通るイレギュラーな道のあるエリアが、かつての東大久保村である。農村だった時代の古道は現在も変わらない。この村に大きな窪地をつくる蟹川の流れが東大久保村にあり、大久保の名はここが起源のようだ。

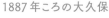

1887年ころの大久保

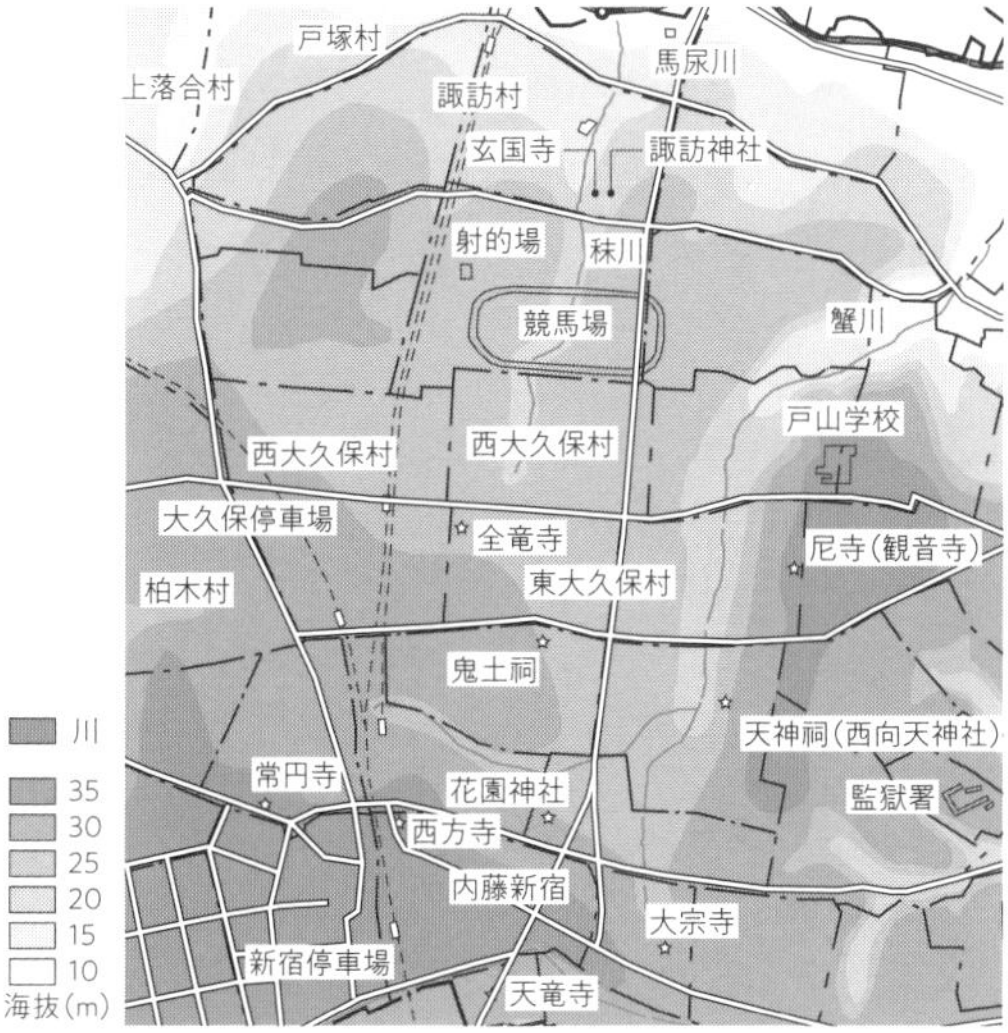

現在の大久保周辺

町丁の変化と地形を見る。花園神社前から北に明治通りが延びる。その西側が特徴的な細長い街区形状の大久保一丁目〜三丁目。東側は新宿五丁目〜七丁目と都営戸山住宅のある戸山二丁目

13

牛込柳町駅がある市谷柳町

牛込《うしごめ》台地に立つため、まず地下鉄牛込柳《うしごめやなぎ》町《ちょう》駅で降り、地上に出る。駅の出入口は外苑東通りと大久保通りが交差する付近。外苑東通りまで行くと、住居表示のプレートに目が止まる。「市谷柳町《いちがややなぎちょう》」。

「えっ！」。駅名と違う。「柳町」は江戸中期に町場として成立し、町に冠する名称は「市谷」。ちなみに、駅本体と地下ホームは隣町の原町《はらちょう》にある。★1 だが、駅の建設当初の仮称駅名は「柳町駅」と、柳町の名前にこだわった。1970（昭和45）年に都電が廃止されるまで、大久保通りを走る都電13系統の停留所名は「牛込柳町」。近年まで、交差点名も牛込柳町交差点だった。★2

　地下鉄の駅は都電の牛込柳町停留所とほぼ同じ位置であることから、駅名は最終的に「牛込柳町」と決まる。そもそも都電の停留所がどうして「牛込柳町」なのか。駅名から外された原町は、古く牛込郷に属し、江戸期に周辺の町が「市谷」を冠したが、「牛込原町《うしごめはらちょう》」だった。何やら疑問だらけの市谷柳町周辺。「牛込原町」と「市谷柳町」の関係はどう理解すればよいのだろうか。

★1　地下鉄大江戸線牛込柳町駅の所在地は原町である
★2　ただし、現在の交差点名は市谷柳町交差点に名称変更されている

窪地につくられた牛込柳町交差点（現在は市谷柳町交差点）は、交通渋滞の時に自動車からの排気ガスが充満した

室町期

高度成長期

現在

牛込柳町駅南側の台地上では牛が放牧された。牛込柳町駅あたりの窪地が沼であり、牛の水飲み場だった

外苑東通りが拡幅され、比較的平坦な形状となる。ただし、交差する大久保通りは焼餅坂と呼ばれる坂道で、V字の地形は変わっていない。焼餅坂を下る途中、右手に湾曲する旧焼餅坂が窪地の沼だった時代の記憶を甦らせる

Q1 赤城神社と牛込郷の支配者の関係

武蔵野台地は、四谷・麹町台地が高く、牛込台地、小石川・目白台地と低くなる。海抜の高い旧甲州街道（新宿通り）を分水嶺に、地下水は北東方面、南東方面へと流れる。

牛込台地は古くに短い川が台地を抉《えぐ》り、谷を２つ生んだ。１つは、飯田橋あたりから牛込台地を上がる大久保通りがかつての川筋。江戸初期、すでに川は流れていなかった。だが地下水は豊富で、少し井戸を掘れば飲料水が得られた。いまひとつは加二川《かにがわ》。おおむね現在の外苑東通りと重なる。宮津藩松平伯耆守《ほうきのかみ》家下屋敷内の池を主な水源とし、明治期以降も地表を水が南から北に流れ下った。ただし地下水に恵まれず、明治10年代の加二川周辺は井戸がほとんど見当たらない。途中牛込柳町交差点付近で地下水脈が硬い地盤に遮られ、大久保通りのほうへ。このあたりから、地上と地下は異なる水道《みずみち》を辿る。

牛込台地は古くから上野国《こうずけのくに》にある赤城神社と縁があり、赤城神社は大胡氏《おおごし》と深く結びつく。牛込と関係する牛込氏は大胡氏の系譜とされる。牛込にある赤城神社は、１３００（正安２）年に現在の元赤城神社の場所で創建し、その後太田道灌が１４６０（寛正元）年に牛込台に遷座させた。１５５５（弘治元）年になると、牛込城を構えた大胡氏庶流の牛込氏が現在地に赤城神社を移す。「牛込郷」の名は南北朝期（１３３６〜９２年）から見られるが、元赤城神社との関わりがあるのか。このころの江戸周辺は鎌倉幕府の御家人で国人領主の江戸氏が支配した。その時、上野国に拠点を置く大胡氏の一族が牛込郷を江戸氏から与えられていたかは定かでない。ただし、太田道灌が江戸に城を築く以前、１４４４（文安元）年の『大般若経』には「武州荏原郡牛込郷総社赤城大明神」とある。そうであれば、元赤城神社あたりは少なくとも15世紀前半に牛込郷の中心だった可能性がある。

史料がなく、不明な点が多々あるが、主君が代わるなか、大胡氏の庶流は牛込郷の領地を維持したとの推理が生まれる。そうでなければ、赤城神社が南北朝期以前に創建し、遷座しながらも牛込の地にあり続けた不自然さがある。

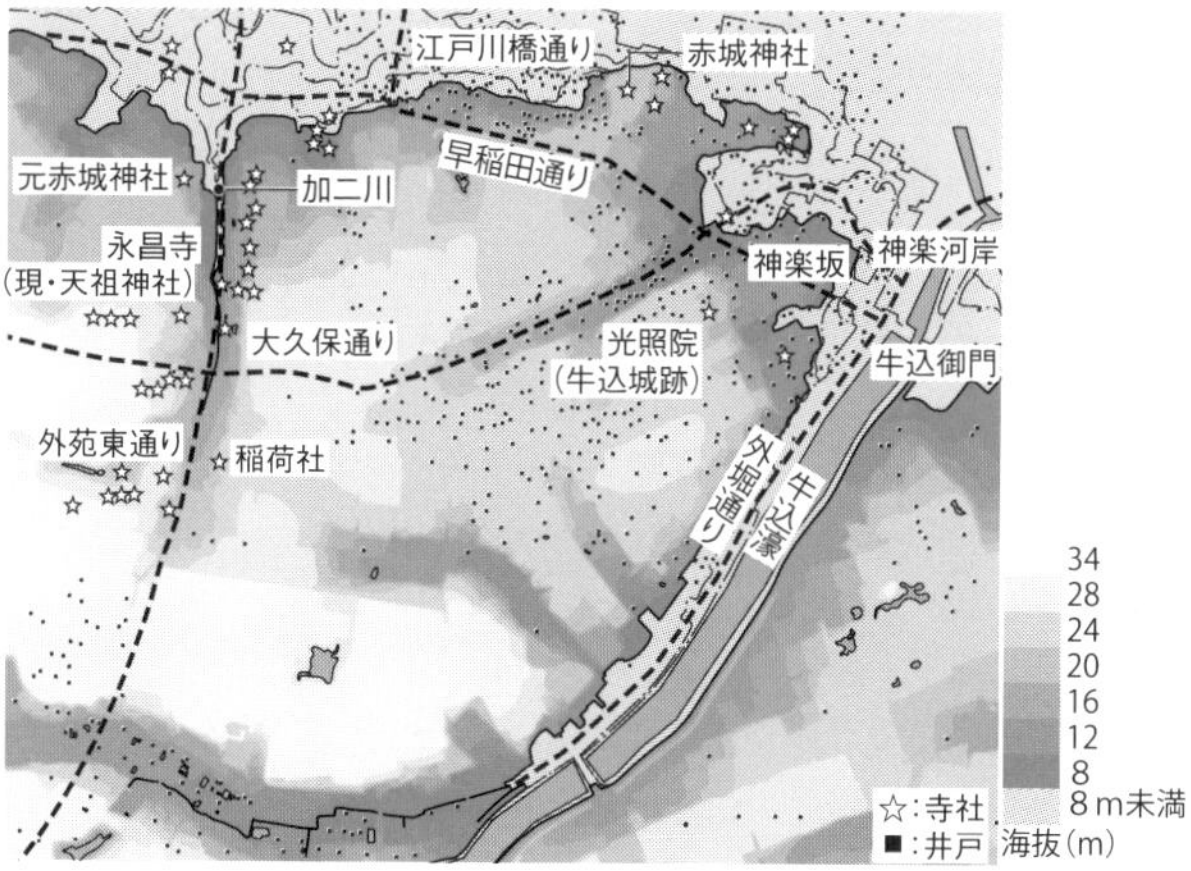

牛込の地形

徳川家康が江戸に入府したころの牛込台地東側はすでに川が流れておらず、寛永期には谷筋から台地上にかけて武家地が配されていた。1883~84年に作製された『参謀本部陸軍部測量局五〇〇〇分の一東京図原図』(国土地理院所蔵)から井戸を拾うと、この谷筋に沿う台地上には多くの井戸があったと分かる。水が得やすい好条件から、牛込台地東側が江戸期の早い時期に開発された。なお、加二川の流域にはほとんど井戸の記号が示されていない

現在の赤城神社

赤城神社は、関東平野の北東にある赤城山を神体山として祀り、赤城山そのものに対する山岳信仰に由来する神社。赤城神社の総本宮は山腹の三夜沢赤城神社、または山頂の大洞赤城神社。赤城神社の摂社・末社は関東地方を中心として全国に約300社あるとされる。なお、現在の赤城神社は新宿区赤城元町にある

2 窪地が引き金になった鉛中毒事件

牛込柳町交差点付近（現在は市谷柳町交差点）が、V字型の谷筋だけでなく、スリバチ状の窪地であることを意外なことから気付かされた。それが「牛込柳町鉛中毒事件」。１９７０（昭和45）年、信号待ちする自動車の排気ガスが牛込柳町交差点付近で充満し、近くに住む住民の血中から高濃度の鉛が検出された。空気が流れにくいスリバチ状の地形が原因だった。その後、「牛込柳町鉛中毒事件」として社会的に影響を与え、自動車の排ガス規制に結びつく。「牛込柳町」の名が全国的に知られた。

現在の大久保通り（旧都電通り）は外苑東通りと交差するあたりが焼餅坂と呼ばれ、V字型の坂となる。★3 大久保通りは１８９５（明治28）年から１９１２（明治45）年にかけ市区改正事業で旧道を広げ、牛込柳町交差点付近の道をまっすぐにして市電を通した。そのため、神楽坂方面から来て牛込柳町交差点へ下る手前は、右に湾曲する古い坂道が残る。わざわざ湾曲させた理由は、市谷柳町交差点付近がスリバチ状の窪地だったことと関係する。

現在の市谷柳町のあたりは、寛永期には加二川に沿う低地と斜面上の台地がすべて「百姓地」（農地、荒地）であり、加二川を横断する道は焼餅坂と呼ばれる湾曲した旧道だけ。加二川が流れる低地は水田や畑地に向かない湿潤な沼地だった。

その悪条件の場所に、明暦の大火以降江戸市中で被災した人たちが移り住む。背に腹は変えられない状況であり、現在の市谷柳町などの低湿地に組屋敷、町人地が成立した。

市谷柳町の市街化に伴い、新たに道がつくられる。加二川に沿って南北に通された道のほか、町人地や武家地の旗本屋敷、組屋敷へアプローチする道が新設された。旧焼餅坂の湾曲する古道と共に、この時整備された道が現在も残り続ける。

湾曲する旧焼餅坂を眺めながら、真っ直ぐに道を通せなかったことに合点する。なるほど、排気ガスが谷底に滞留するスリバチ状の地形であり、江戸期以前は沼地のために真っ直ぐに道を通せない事情があった。「牛込柳町鉛中毒事件」から、思いもかけず牛込柳町交差点付近の原風景が浮かび上がる。

★3 外苑東通りに下る焼餅坂は、別名がいくつか付けられてきた。焼餅坂の名は『続江戸砂子』（菊岡沾涼著、1735年）に出てくる。『続江戸砂子』では「赤根坂」（赤根はセリ科の越年草、園芸植物、薬用植物。ニンジンの別称）が本名としており、焼餅坂がメジャーな名に定着する以前の名

車が渋滞する牛込交差点

昭和期の市谷柳町周辺は、南北方向に貫く幹線道路が外苑東通りだけで、道幅が狭いわりに交通量の激しい道路だった。交通渋滞が起きると、交差点付近が窪地ということもあり、自動車から排出される排気ガスが滞留した。旧河道を利用した道路は多いが、ここは特殊だった

3 牛込にはかつて牛がいた?

牛込の歴史は、その名から少なからず牛に縁があると誰しも思うところ。古代律令期、京の都で使われる馬や牛の放牧地が東山道《とうさんどう》を起点として関東一円にも分布した。東京都内には現在も「駒込」「馬込《まごめ》」の地名が残るが、それらの地名の由来は「馬牧」だとされ、「牛込」もその由来を「牛牧」とする説がある。果たしてそうか。

文武《もんむ》天皇（701〜704年）の時代、大宝律令（701年）において馬や牛を育てる国営の牧場（官牧）が全国に数多く設置され、『延喜式』に諸国の馬牧、牛牧の場所が列記された。武蔵国では檜前《ひのくま》馬牧・神埼《かんざき》牛牧など6つの牧の名が載る。『港区史　通史編　原始・古代・中世』において、この6つの牧のうち、神埼牛牧は東京都新宿区牛込と埼玉県春日部市内牧《うちまき》を候補にあげる。ただし、場所の限定は難しい。『新編《しんぺん》武蔵風土《むさしふうど》記稿《きこう》』★4には「駒込馬込など云うも皆牧ありし所とみゆ。込は和字にて多く集まる意なり、爰《ここ》も牛の多く居りし所なれば名づけし」と記され、牛込の地名の由来が牛牧に因むとする。『東京市史稿』もそれにならい、武蔵国にある牛牧は新宿区牛込のあたりであるとした。ただし、これらは立地特性の具体性に欠ける。一方『新編埼玉県史』では、埼玉郡と足立郡（いずれも現在の埼玉県東部）にまたがる地域がかつて水湿地であり、水草の豊富な場所を意味する「埼」の地名が多く、春日部市内牧あたりを神埼牛牧の有力候補地とした。何やら春日部市内牧に軍配が上がりそうな気配だ。

しかし、「牛込原町」は起伏の少ない土地で放牧地に適した場所。加二川の「市谷柳町」付近はスリバチ状の沼であり、水が得られる湿地として意味を持つ。★5『延喜式』に載る神埼牛牧だったかどうかは別として、平坦な草原の台地である「牛込原町」とスリバチ状の湿地である「市谷柳町」とが合わさることで、牛の放牧に適した環境となる。古くから牛の放牧地として「牛込」と呼ばれていたとしても不思議ではない。しかも、この2つがセットである点が重要で、地下鉄の駅名が悩ましい「牛込柳町」となった背景は、このあたりと関係するのではないかと思い至る。

★4　文化文政期（1804〜30年）に編纂された武蔵国（御府内を除く）の地誌

★5　「柳町」の名の由来を言及するひとつに、江戸期に群生した柳の生息地とする説がある。柳が生息しやすい場所は湿潤な土地柄。市谷柳町のあたりが窪地であり、加二川から水が流れ込む沼地だった。単に川が流れていただけでは湿潤な土地を好む柳が自然に群生しない

かつての「牛込」の想像図

上野国を支配していた大胡氏の庶流は、牛込台地にある牛込郷を領し、牛を飼育していた。平坦な牛込台地上は牛の放牧に最適な場所だった

14 谷が8つあるのになぜ四谷なのか

現在、「四谷《よつや》」の町丁名は、旧甲州街道（現・新宿通り）沿いの両側、四谷一丁目から四丁目までのエリアである。「四谷」は「四ツ谷」とも書く。江戸後期になると、元禄期に花開いた町人文化が広く一般庶民にも浸透していき、漢字に分かりやすくカタカナの送り仮名が添えられた。

それは読み物や浮世絵、絵地図のタイトルなどに見られ、「四谷」も「四ツ谷」とする。★1「四谷」と書くことから「4つの谷」を連想させるが、四谷には少なくとも8つもの谷が甲州街道付近にある。地形から導かれた「4つの谷」説は江戸期からすでに疑問視されていた。『四谷区史』★2では、寂れた場所にわずか4軒の家が建つことから「四ツ家」と書き、後に「四谷」に変化した説を採用する。だが、この「4つの家」説はインパクトに欠け、町の名になるまで持ちこたえられるだけのルーツかと疑問符が頭にちらつく。

★1　明治に入り、誰もが出入りする駅名は送り仮名をつけて「四ツ谷駅」とした
★2　四谷区役所（1934年）

四谷御門の石垣の一部
が現在も残っている

現在の四谷

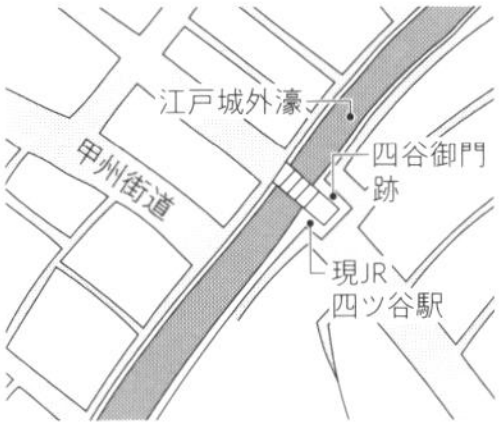

1　現代に残る暗号「よつや五郎兵衛」の謎

文献に登場する「よつや」は、1590（天正18）年に江戸前期の大名、内藤清成《ないとうきよなり》（1555〜1608年）が書き残した『天正日記』★3に記された「よつや五郎兵衛」が初出とされる。

『天正日記』によると、清成は四谷付近一帯の調査を家臣に命じる。1654（承応3）年に完成する外濠の辺りは、当初平坦な台地が連続する地形であり、すり鉢状の窪地である現在の荒木町《あらきちょう》も谷戸★4からの湧水が紅葉川《もみじがわ》に直接流れ出ていた。この原地形からは、甲州街道沿いが想像以上に軍事上無防備な状況と映る。まずは最も有効な場所に関所の役割を担う大木戸と、外濠に準じる機能を早期に設けることが優先された。

派遣された家臣の道案内役は角筈村《つのはずむら》の関野《せきの》五郎兵衛《ごろべい》。日記には別名の「よつや五郎兵衛」で記され、「よつや」の文字が唐突に出てくる。ただし、いくら私的な日記とはいえ、江戸の防衛計画の要所である当時の最高機密を現代の私たちが見てもすぐに分かる情報にしたとは考えにくい。別名が暗号であれば刺激的だが。

甲州街道付近には8つの谷がある。そのなかで、甲州街道と直接関係しない少し離れた谷は3つ、それを除くと5つが残る。さらに敵が西から攻めてきた時の防備として、北と南から同じように入り込む谷筋★5でなければ意味がない。暗闇坂がある谷は南側に対の谷がなく、南の平坦な土地から敵がなだれ込めば防備の役に立たない。これで1つ減り、一対の谷が2つ、計4つとなる。この2カ所が、関所★6を設けて仮の外濠とする最適な場所だった。清成の家臣が「対で2カ所、4つの谷が迫る場所が重要だ」と察知し、関野に向かって「よつやだね五郎兵衛」といったかどうか。それは分からない。だが清成は、家臣と五郎兵衛の報告から、4つの谷の重要性を見抜き、日記に「よつや五郎兵衛」と記載した。奇抜だが、暗号としての「よつや五郎兵衛」なら、あってもおかしくない。「よつや」は、江戸城西側の防備で重視する4つの谷を暗に語っている。それを解読しなければ、「四谷」の名に到達しない。

★3　徳川家康が江戸に入府した際に先陣を務めた清成が、江戸町奉行時代の初夏から半年ほどの間に書き溜めた日記。江戸の様子やまちづくりの記録が書かれており、現代的にいえば業務日報的な性格のものだった

★4　台地が浸食されて形成された谷状の地形

★5　敵を狭撃して迎え撃える谷

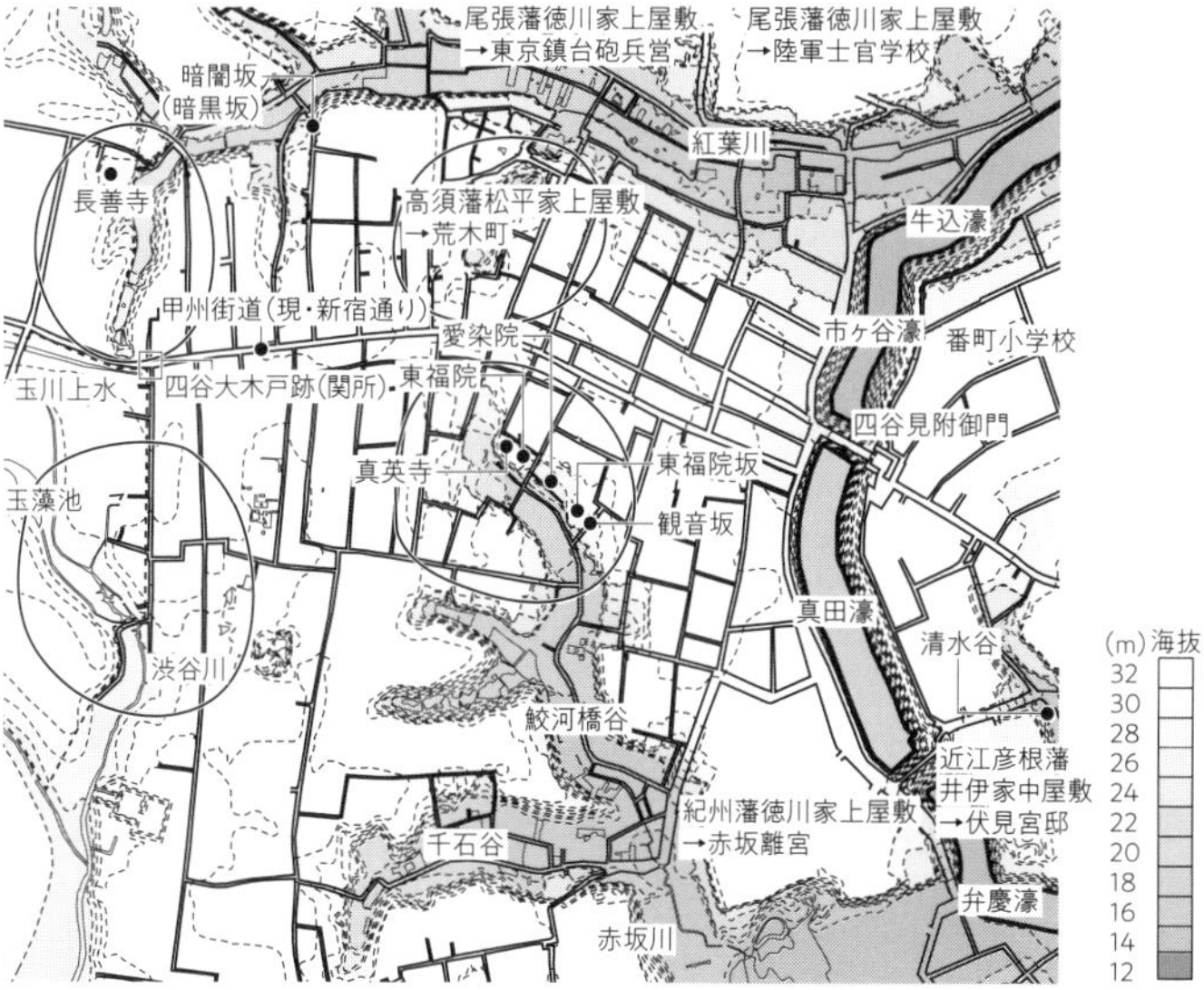

1833年の四谷

丸で囲んだ4つの谷が、甲州街道を挟んで一対の谷の2カ所となる

東福院坂から北側(台地上)を見た様子。坂の途中には愛染院がある

★6　街道を通って江戸を出入りする通行人や荷物を取り締まるための役所

2　江戸期以降受け継がれる「四谷」の名

１６１６（元和２）年に関所の四谷大木戸が完成し、地名として初めて「四谷」が冠された。「よつや」は暗号の役割を解かれ、一見意味不明な地名となる。甲州街道は、有事の際に江戸城から八王子城を経て甲府城へ向かう退路として重要な意味をもつ。四谷大木戸もその役割を担った。

甲州街道が通る真田濠《さなだぼり》と市谷濠《いちがやぼり》に挟まれた場所には、外濠とともに、江戸城を守る新たな要が誕生。警備のための見附《みつけ》である枡形門《ますがたもん》の四谷御門（現・ＪＲ四ツ谷駅 麹町《こうじまち》口付近）が１６３６（寛永13）年に設けられた。１６５４（承応３）年に玉川上水の水を真田濠に引水してからは、甲州街道へとつながる西の要衝として外濠と御門が位置付けられた。四谷大木戸は、神経をとがらせて設置された状況から解放される。１７９２（寛政４）年には木戸が撤去された。天保年間（１８３０～44年）年に刊行された『江戸名所図会』は、人馬や駕籠《かご》などが行き交う、内藤新宿の華やかな光景を描く。四谷大木戸は賑《にぎ》わいの場として別の意味をもつようになった。

四谷御門は１８７２（明治５）年に一部の石組を残し撤去される。だが、御門前の橋は麹町と四谷を結ぶ交通路として残り続けた。橋の下では、甲武鉄道（現・ＪＲ中央本線）の都心部への延伸（新宿―立川間はすでに開通）が進み、外濠の水が抜かれた後の１８９４（明治27）年にＪＲ四ツ谷駅が開業する。鉄道を跨《また》ぐために新たに架けられた橋の位置は江戸期と変わらない。ただ、明治後期には交通の要所であることから、麹町と四谷を結ぶ路面電車が通された。

１９１３（大正２）年になると、四谷見附橋が鉄道の上を跨いで新たに架けられ、甲州街道も真っ直ぐな通りとなる。紀州徳川家江戸居屋敷の広大な敷地跡、赤坂離宮（東宮御所）では、１９０９（明治42）年にネオ・バロック様式の洋風建築がすでに完成していた。新しく架けられた四谷見附橋は赤坂離宮と近距離にあり、豪奢な建物との調和を図る。江戸東京にとって重要な位置付けがされ続けてきた四谷の記憶は、２代目四谷見附橋がバトンを継いで今に伝える。

1829年ごろの四谷

甲州街道に関所として設けられた四谷大木戸の石垣（江戸名所図会より）

大正初期ごろの四谷見附橋と四谷

「四谷見附」でコの字型となっていた「甲州街道」を直進させるため、「外濠」に「四谷見附橋」が架けられることとなり、1911（明治44）年に着工、1913（大正2）年に竣工した。写真手前が麹町区（現・千代田区）、奥が四谷区（現・新宿区）で、橋の下には中央線「四ツ谷駅」の駅舎がある。

3 寺町と化した四谷

現在の新宿通り（旧甲州街道）を歩いていても、広い通りの両側に連続して並ぶビルの風景が目に入るだけで、その背後に多くの寺院があるとは気付かない。しかし、新宿通りから脇の道に踏み込むと、深い谷に張り付くように多くの寺院が立地しており、寺町を形成する光景に驚く。しかも、それらの多くが四谷で創建された寺院ではない。

１６３４（寛永11）年、江戸城の北から西にかけ、外濠の建設が決まる。外濠が整備されるエリア周辺にあった寺院は立ち退きを迫られ、その移転先が四谷の谷だった。現在も、新宿通りの南側にある須賀町《すがちょう》・若葉《わかば》二丁目の谷一帯のほか、愛住町《あいずみちょう》など北側の谷にも移転してきた寺院が多く、外濠整備の時に集団移転した寺院群による独特の寺町空間に出合う。

甲州街道の南側を流れていた赤坂川《あかさかがわ》が削り取った谷筋の斜面地に、16もの寺院が建つ。それらの多くは、創建年代・宗派が異なるものの、１６３４（寛永11）年からその翌年に現在地に集団移転した寺院である。外濠整備により甲州街道南側の谷へ移った寺院は13寺。うち、１６３４（寛永11）年が10寺[★7]、翌年に３寺[★8]。８割強もの寺院が外濠整備による移転だった。甲州街道北側に位置する紅葉川の谷沿いにも、外濠整備の際に移転した寺院が見受けられる。現在10ある寺院のうち、１６３４年に現在地への移転がはっきりする寺院だけでも、４割にあたる４寺[★9]が確認できる。四谷は外濠整備に伴い一挙に寺町化され、現在の寺町風情を醸し出す出発点となった。

谷筋に潜む数多くの寺院で構成される寺町の異様さとともに、外濠を掘り割る以前の甲州街道沿いも寺町の壮観な光景として浮かび上がる。外濠の狭い範囲だけでなく、清水谷《しみずだに》周辺（現在の紀尾井町辺り）からの移転も目立つ。広範囲からの寺院の移転は、内濠から外濠にかけての土地利用再編を促すものだった。清水谷周辺には、紀州家、尾張家、井伊家をはじめ、幕府を支える親藩・譜代の大名屋敷が整えられた。外濠とともに人的守りを堅持する幕府の強い姿勢が寛永期の土地利用再編から読み取れる。

★7　崇福寺（そうふくじ）、永心寺（えいしんじ）、正覚寺（しょうかくじ）、勝興寺（しょうこうじ）、西念寺（さいねんじ）、愛染院（あいぜんいん）、東福院（とうふくいん）、日宗寺（にっそうじ）、妙行寺（みょうぎょうじ）、戒行寺（かいぎょうじ）

★8　西応寺（さいおうじ）、松厳寺（しょうがんじ）、真英寺（しんえいじ）

1634年の四谷

外濠の構築によって寺院が移転した

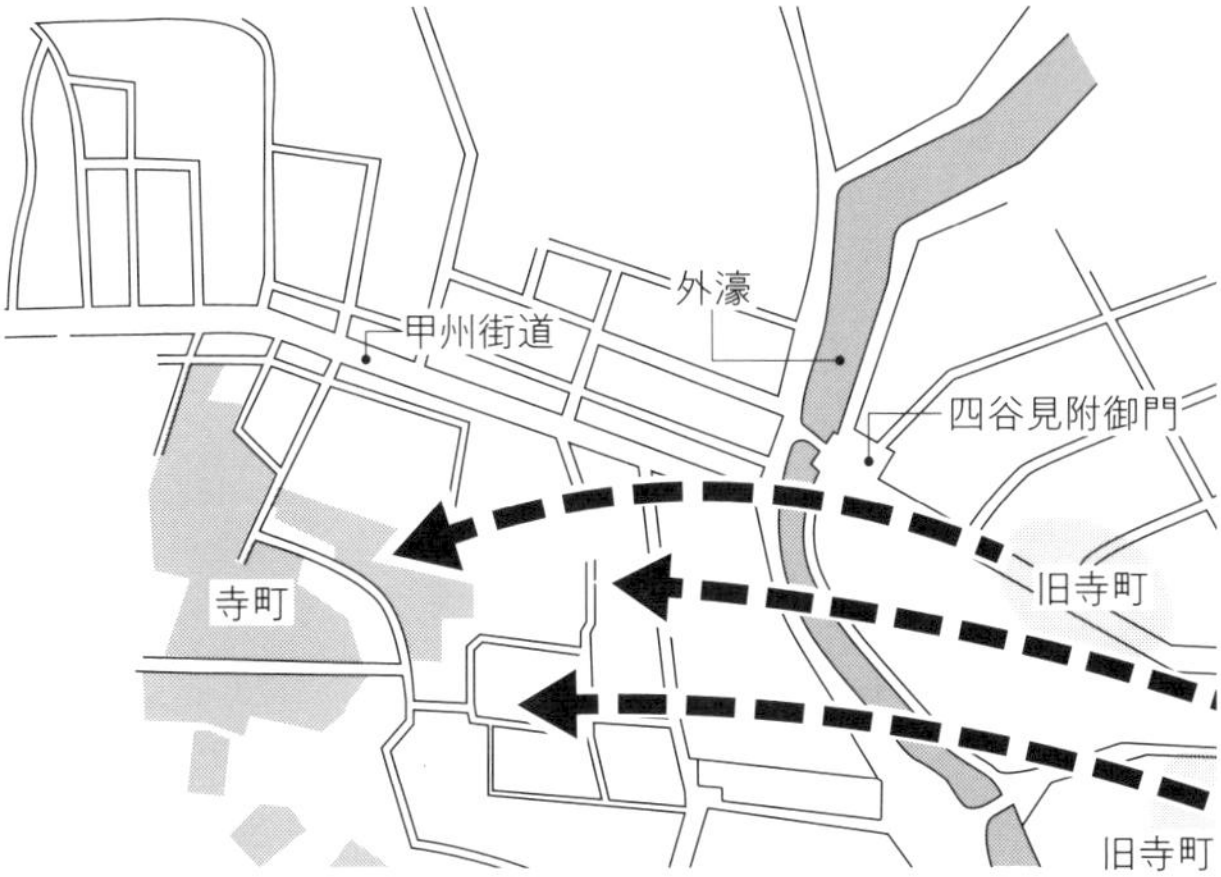

2024年現在の四谷

★が1634（寛永11）年と1635（寛永12）年に移転した寺院である

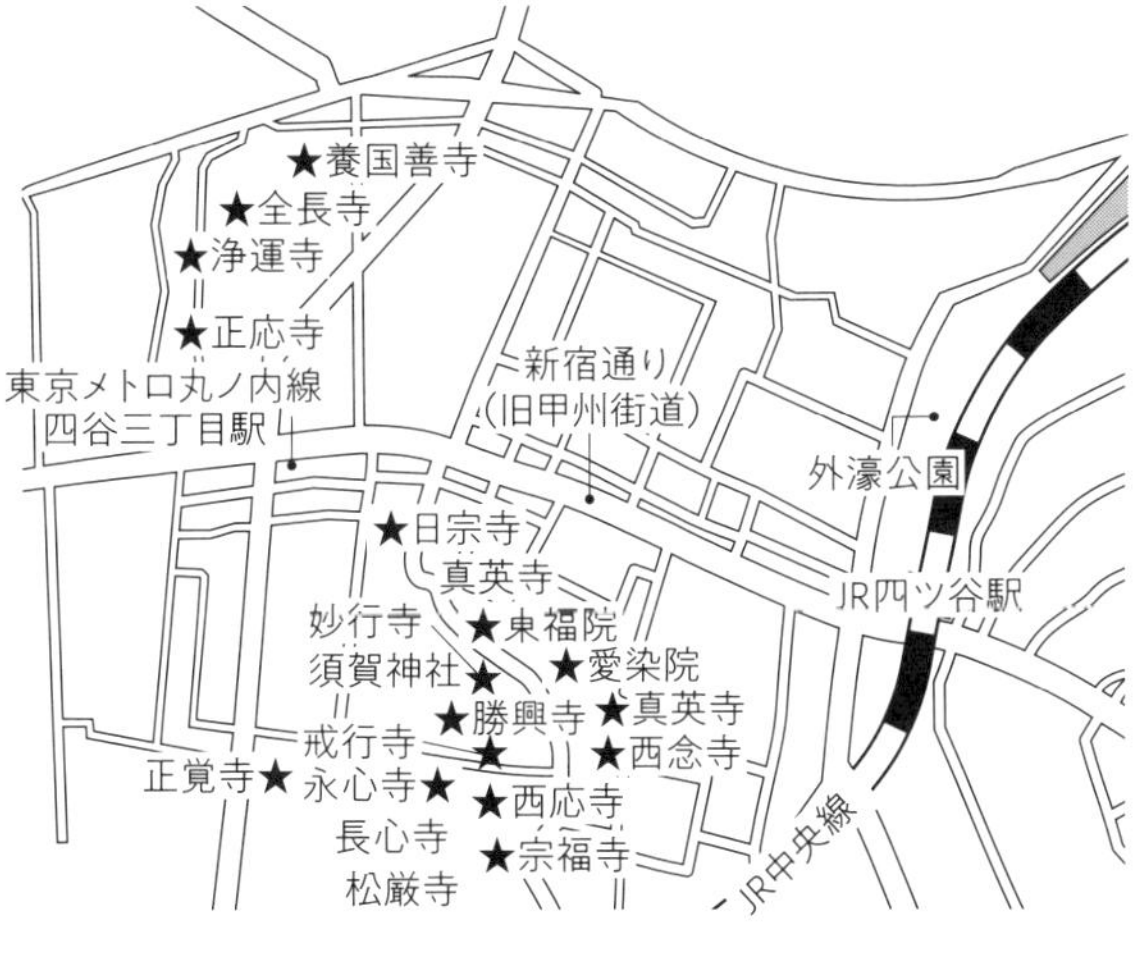

★9　正応寺（しょうおうじ）、浄運寺（じょううんじ）、全長寺（ぜんちょうじ）、養国禅寺（ようこくぜんじ）

15

歴史ある町 原宿がトレンディなワケ

「神宮前《じんぐうまえ》」は、参宮橋の前から、青山《あおやま》通りへ抜ける表参道《おもてさんどう》両側に広がる町名だ。1965（昭和40）年に住居表示実施で町名として新たに誕生する。それ以前は「原宿《はらじゅく》」「穏田《おんでん》」「竹《たけ》下《した》」などの名で呼ばれた。★1

旧町名のなかでは、原宿の知名度が群を抜く。NHKの人気番組「ブラタモリ」で表参道を中心に神宮前の町名エリアが放送された時、タイトルは「原宿（表参道）」。全国的に知られる原宿を前面に出す必要があってこう題したのだろう。すでに町名として消えた「原宿」だが、高い認知度がうかがえる。

表参道は、大正期に明治神宮の造営に伴い、穏田川（渋谷川）の深い谷を横断し、青山通りまで真っ直ぐ通された。穏田川の流れをベースに古くから続く地域の歴史的文脈が、90度軸を変えた。明治神宮は新年の初詣客数が断然トップと圧倒する。若者に人気の原宿・表参道と対置する明治神宮の存在に不思議と違和感がないとしても、古い歴史を誇る「原宿」の名がなぜトレンディなのか。

★1　1965（昭和40）年に住居表示が実施されるまでは、旧原宿村が原宿一丁目～三丁目、旧隠田村が隠田一丁目～三丁目の町名として残る。竹下町は明治以降に町として新しく成立した

明治天皇が崩御され、彦根藩井伊家下屋敷と南側にある農村地帯の一部が明治神宮として1920（大正9）年に造営された。造営には一世紀をかけて森にする考えがあり、造営当初は苗木が植えられた

現在

大正期

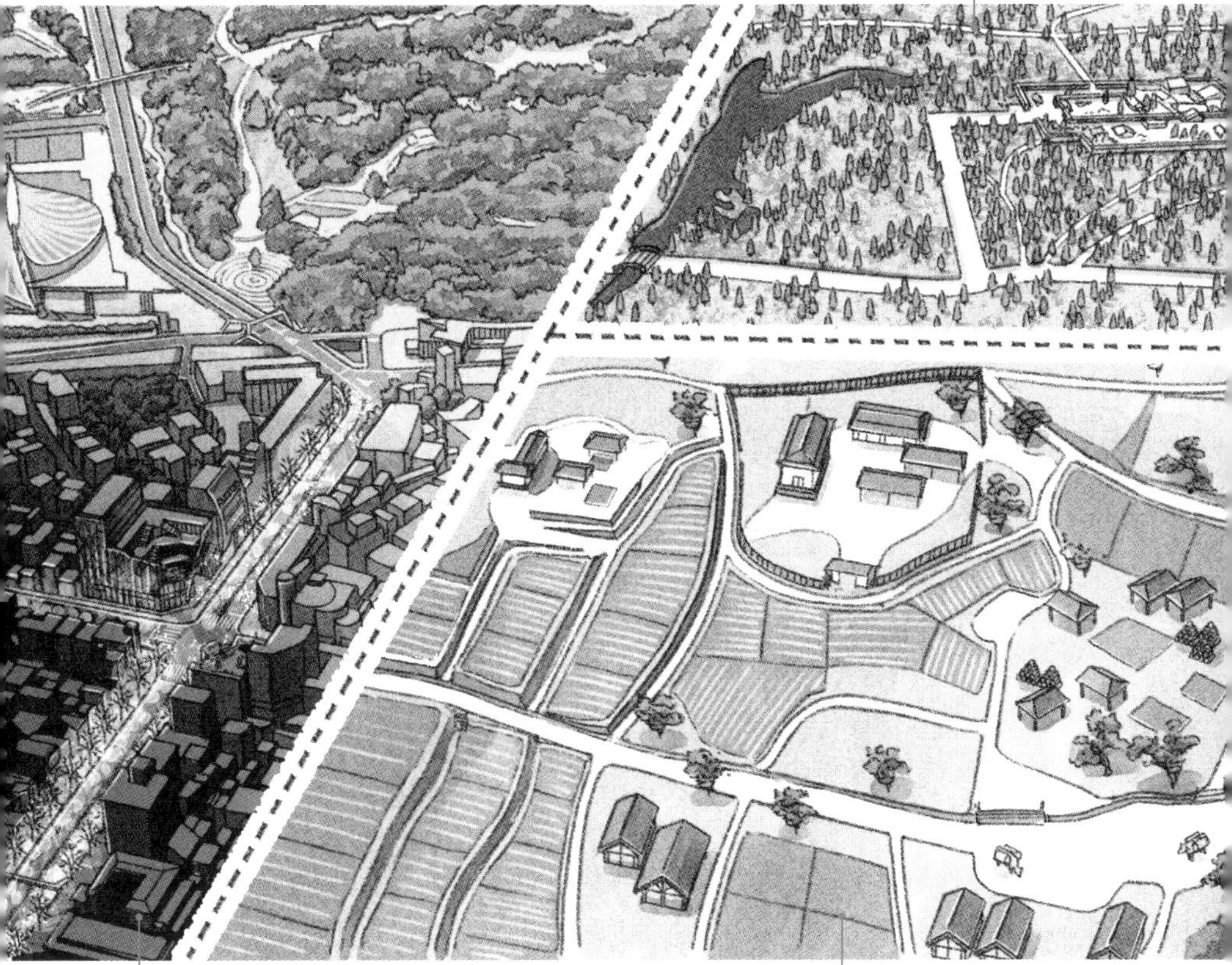

江戸期

明治神宮造営にあわせて整備された表参道は、全国的に知られる人気スポット。明治神宮の森と東京オリンピックの時に建てられた国立代々木競技場の2つの体育館がシンボリックに風景を彩る

江戸期は低地に農地が広がり、台地上に広大な大名屋敷が点在していた

Q1 1906年に「原宿」が駅名になる

現代社会に刷り込まれたイメージに影響され、原宿の名からはついトレンディな町を思い浮かべてしまう。その原宿だが、１８８９（明治22）年の町村合併で千駄ヶ谷村の一部となり、以降村名《そんめい》ではなく字名《あざめい》へと格下げに。しかし１９０６（明治39）年、現在の場所に原宿駅が開設される際、駅名は「原宿」と決まり、トレンディな名への足掛かりとなる。

原宿が駅名となれた背景には、残り物に福のような経緯があった。１９０４（明治37）年に甲武鉄道の駅名として「千駄ヶ谷」の名が付けられ、「代々木」は１８８５（明治18）年すでに駅名となっていた。当時有力な村が駅名となり、新しくできる駅は村名から付けられない状況となる。原宿駅設置の際、千駄ヶ谷村の字原宿のライバルは字隠田《おんでん》だった。

有力対抗馬の隠田は、隠田川（渋谷川）が低い土地を流れており、灌漑用として村人は現在の明治神宮境内にある南池《なんち》の水を東に流し、穏田村の水田に引き入れた。ただし、原宿村はこの水を利用できる位置にない。

灌漑用水路と穏田川は高低差があり、穏田にはその落差を利用した水車が点在した。水利用に関して、穏田は原宿より有利であり、駅が設けられる場所も穏田が遥かに近い。しかし、文字通り「隠し田」のイメージが強く、ネガティブさが足を引っ張ったのだろう。駅から離れた原宿が駅名に指名された。★2どうでもよいローカルな駅名の決定ではないとしても、耳心地のよい原宿が駅名となった。

その後、大きな出来事が原宿駅周辺で突然起きた。明治天皇崩御により、駅の西側にあった18万坪もある旧彦根藩井伊家下屋敷跡地が明治神宮として１９１９（大正８）年に造営されたのだ。新しく整備された表参道により、穏田は流域を真っ二つに割かれた。一方、原宿駅はにわかに注目され、駅から表参道周辺にかけての総称名として、原宿の名が呼ばれはじめる。明治神宮造営後に乗降客が増加し、１９３９（昭和14）年になると、明治神宮側に臨時のプラットホームが設置された。原宿駅は御召列車《おめしれっしゃ》★3が到着する駅となったのだ。村名ではなく駅名の「原宿」がトレンディさを高め、若者に存在感を示していった。

★2　1965年以前「原宿」に相当していた町名エリアは、現在の表参道北側、神宮前二丁目のうち青山寄りの台地部分、神宮前三丁目の多くの部分、神宮前一丁目のうち東郷神社からその裏手に続く台地部分

★3　日本において天皇、皇后などの皇室が使うため特別に運行される列車

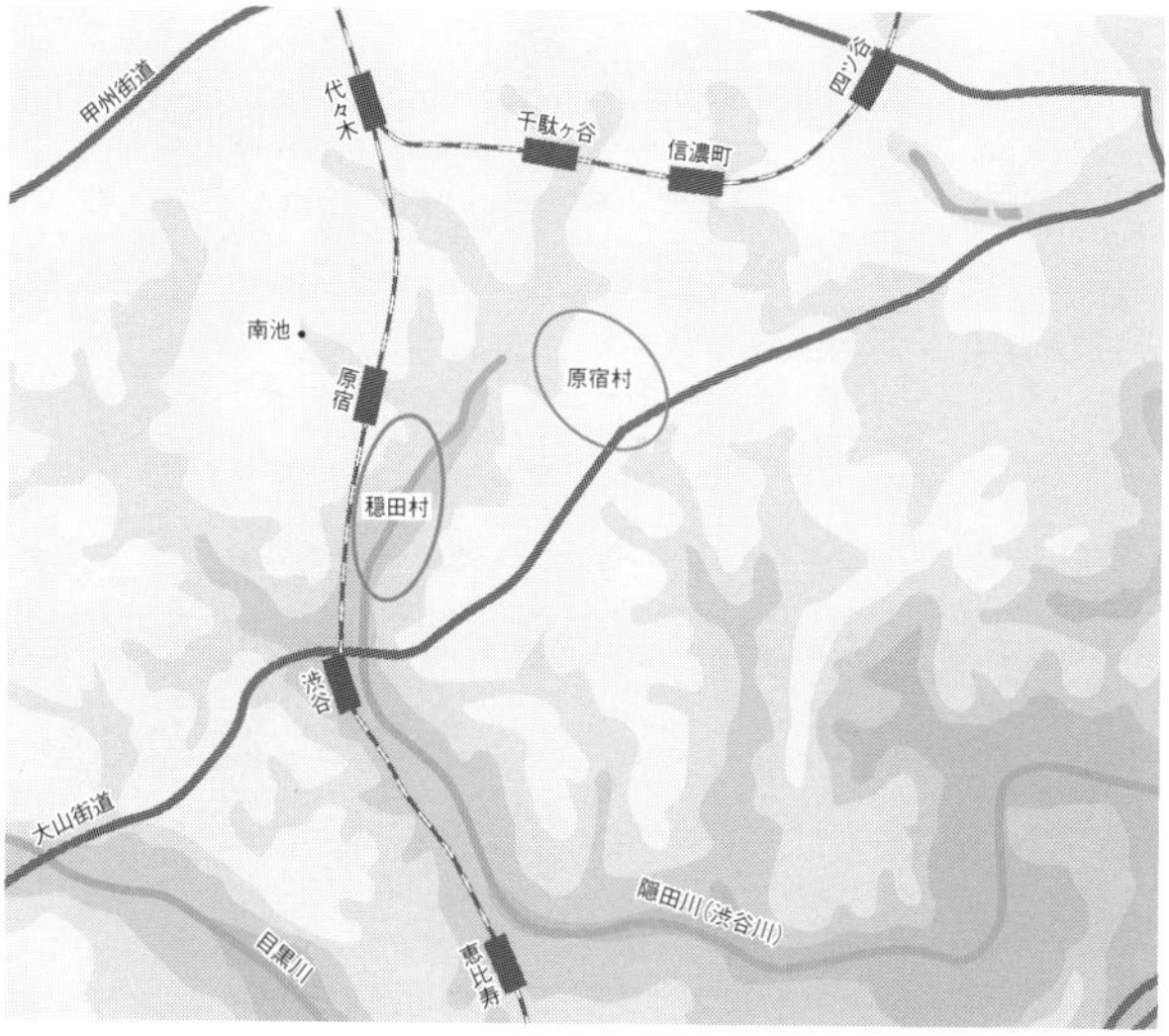

現在の原宿周辺とかつての原宿村と隠田村

丸で囲った地域がかつての原宿村と隠田村。現在の原宿駅付近にあったのは隠田村だった

完成当時の原宿駅

1929（昭和4）年には、現在の竹下口（当時の名称は坂下口）側に出る地下道が設けられた

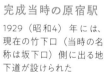

2 江戸城の守りの要 大山道と原宿

大山道（現・青山通り）沿いの地形を見ると、街道が屈曲する付近は両側から谷が入り込み、江戸城を守る地形だ。★4 旧原宿村の2つの谷筋からは水が得やすかったが、両側の谷はあまり深くなく、起伏が少ない形状で江戸城まで到達する防衛上のハンディがあった。そのため、人的守りとして家康に信頼の厚い青山忠《ただ》成《なり》（1551〜1613年）が街道両側に広大な屋敷を与えられる。加えて、渡辺図書配下の同心である鉄砲百人組が大山道沿いの守りを固めた。★5 明暦の大火（1657年）以降江戸では土地利用の再配置が進み、大山道北側、台地上にある原宿村の農地が武家地や寺社地となる。ただし、古くからの農道の仕組みは残った。現在もスタジアム通りとキラー通りに囲まれた内側は江戸初期の道の形状のままであり、道幅もあまり変えていない。大山道が屈曲する部分から北側に入ると、スタジアム通りと重なる道の両側が旧青山久保町。途中枝分かれし、左に行くと現在熊野通りと呼ばれる道に出る。その南側にも低地に下りる古道が北西に延び、キラー通りと一部重なる。道の西側が旧青山緑町。これらが江戸期原宿村の中心的な町場だった。

旧青山久保町の西は海蔵《かいぞう》寺など3つの寺院で構成された寺町。隣接して母里《もり》藩松平家上屋敷が北西側に、街道近くの南東側には伊賀衆の百人組同心の大縄地が配された。旧青山久保町から延びる熊野通りをさらに北西に進むと、丁字路角に熊野神社があり、その先が勢揃坂《せいぞろいざか》と呼ばれる坂道となる。この坂の右側（東側）は山形藩水野家下屋敷。道を隔てた西側には吉井藩松平家下屋敷、龍巌寺、慈光寺が並ぶ。水野家下屋敷の北側は飫肥《おび》藩伊東家下屋敷と青山甲賀百人組大縄地である。水野家下屋敷南側にある1579（天正7）年創建の高徳《こうとく》寺は、甲賀衆の望月助之進外7名が開基したとされ、青山甲賀百人組と関係する。

このあたり一帯は、今でもトレンディな原宿をイメージさせる風景ではない。きらびやかさを全面に押し立てる青山通り、表参道とは隔絶し、時間が止まったように静かだ。しかし、原宿の原点となるこの場所は台風の目のように不思議なパワーが潜む。

★4 原宿は、四谷のように対で街道に向かい合う谷が2セット4つの谷ではなく、1セット2つの谷だけである

★5 百人組は、伊賀衆・甲賀衆などから組織された、100人ずつの鉄砲足軽で構成される組をつくったことから名付けられた

江戸後期の地形と現在の主要道路

青山通り、キラー通り、スタジアム通りに囲まれた一帯は、周辺が大きく変貌する中で、古き時代の風情を醸し続ける

3 原宿の履歴は鎌倉期から始まる

龍巌寺の周辺は、後三年の役（1083〜87年）で奥州に向かう源《みなもとの》義家《よしいえ》（1039〜1106年）の軍勢が勢揃いした場所として語られ、寺の前面の坂道は「勢揃坂」と呼ばれてきた。寺には義家が腰掛けたとされる「腰掛石」も語り継がれる。『文政町方書上』によると、龍巌寺は名主半右衛門が1602（慶長7）年に屋敷を寺としたもので、義家にちなむ伝承が多い。現在も古風な山門を持つこの寺は、江戸期より名所としての話題性があった。小山のような松の名木「円座の松」があり、富士山と松を重ねて楽しめた。葛飾北斎が『冨嶽三十六景』で「青山円座松《あおやまえんざのまつ》」と題した絵を描き、その高い知名度から、松尾芭蕉《まつおばしょう》（1644〜94年）も訪れ句を詠んだ。

『新編武蔵風土記稿』によれば、龍巌寺建立以前から名主半右衛門の屋敷内には、地主神の弁天社、菅原道真を祀る天満宮があり、天満宮の本尊は当時木立像だったとされる。しかし、文政期（1818〜30年）には表に神号、裏に由来を記した木札が残るだけとなる。義家が出陣の際に天満宮の前で連句を催し、天満宮に納めたことから「句寄《くよせ》の天神」といわれるが、これも木札に記された由来だ。

鎌倉から奥州へは、3つある鎌倉道のうち、中ノ道を通って向かった。この街道のルートは時代により異なる。後三年の役では大山道沿いにある原宿村を抜けた。義家は原宿の地を重視し、後三年の役で大活躍した秩父武綱《ちちぶたけつな》に、戦いの勝利が武綱の信奉する八幡神の加護のおかげであるとし、金王八幡宮《こんのうはちまんぐう》を1092（寛治6）年に勧請、谷盛庄《やもりのしょう》（渋谷も含む原宿周辺一帯）を与えた。

金王八幡宮の由緒には、後三年の役の際武綱が嫡男・重家と共に300騎余を従え、源義家の軍が到着する原宿の地へ一番に参向したとある。武綱は義家らの軍を迎えるため、現在の青山通り（鎌倉道、大山道）と勢揃坂周辺を整備し、多くの武士が逗留できる大規模な宿場を設けた。まさに、広大な「原」に新しくできた「宿」ということか。後の江戸期、原宿村に町場（青山久保町、青山緑町）として成立した場所は、義家が勢揃いした地であり、ここから原宿の履歴がスタートする。

『冨嶽三十六景』
「青山円座松」

龍厳寺にあった松の名木「円座の松」は、金王八幡宮の鎮座の松、千駄谷八幡の鈴掛の松などと共に、江戸三十六名松の一つとされた。松は幕末期に2度の火災で枯れる

鎌倉街道

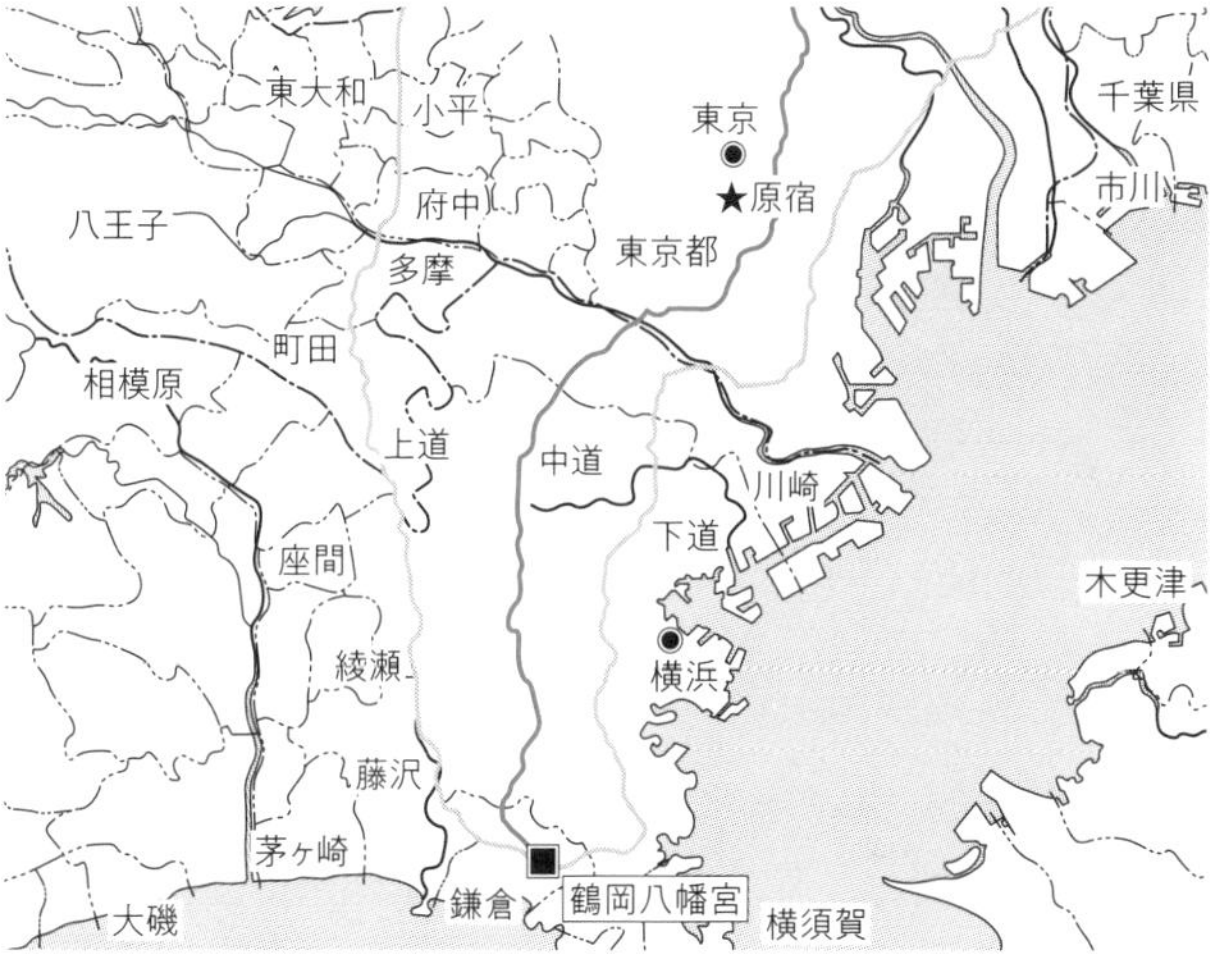

鎌倉街道は奥州方面に向かう街道として3本整備された。源義家が奥州に向かった時は中道（中之道）と呼ばれる真ん中の道を北上した

16

1980年代以降に急発展した大崎

「大崎《おおさき》」の名は江戸期の「上大崎《かみおおさき》村」と「下《しも》大崎《おおさき》村」にちなむ。しかし、大崎駅の位置と現在の大崎エリアの多くは江戸期の「居木橋《いるきばし》村」である。

現在の大崎は、1982（昭和57）年に策定された東京都長期計画★1において東京副都心★2に選ばれたことから町の新たな歴史が始まった。1980年代以前の大崎駅周辺は工場地帯一色。工場で働く従業員が乗り降りする工場専用駅に等しい特異な駅が大崎駅だった。東京副都心計画の美旗のもと、大崎駅西口地区では大崎ニューシティ（1987年竣工）を皮切りに工場跡地の再開発が進み、1980年代後半から大規模複合施設を次々と開業させる。現在では駅東口も含め、1980年代以前からは想像できないほど変貌した。イメージのうえでも大崎駅周辺は台地上にある品川・高輪の高級住宅地と一体化しつつあり、大崎はここ20～30年の間に全く別の町の姿になったかに見える。江戸期から現在に至るまでどのような変遷があったのか。歴史から紐解く。

★1　業務機能の整備やアクセス強化など、戦略的に都市形成を図った施策
★2　都心に次ぐ機能をもった区域

江戸期　大正期　現在

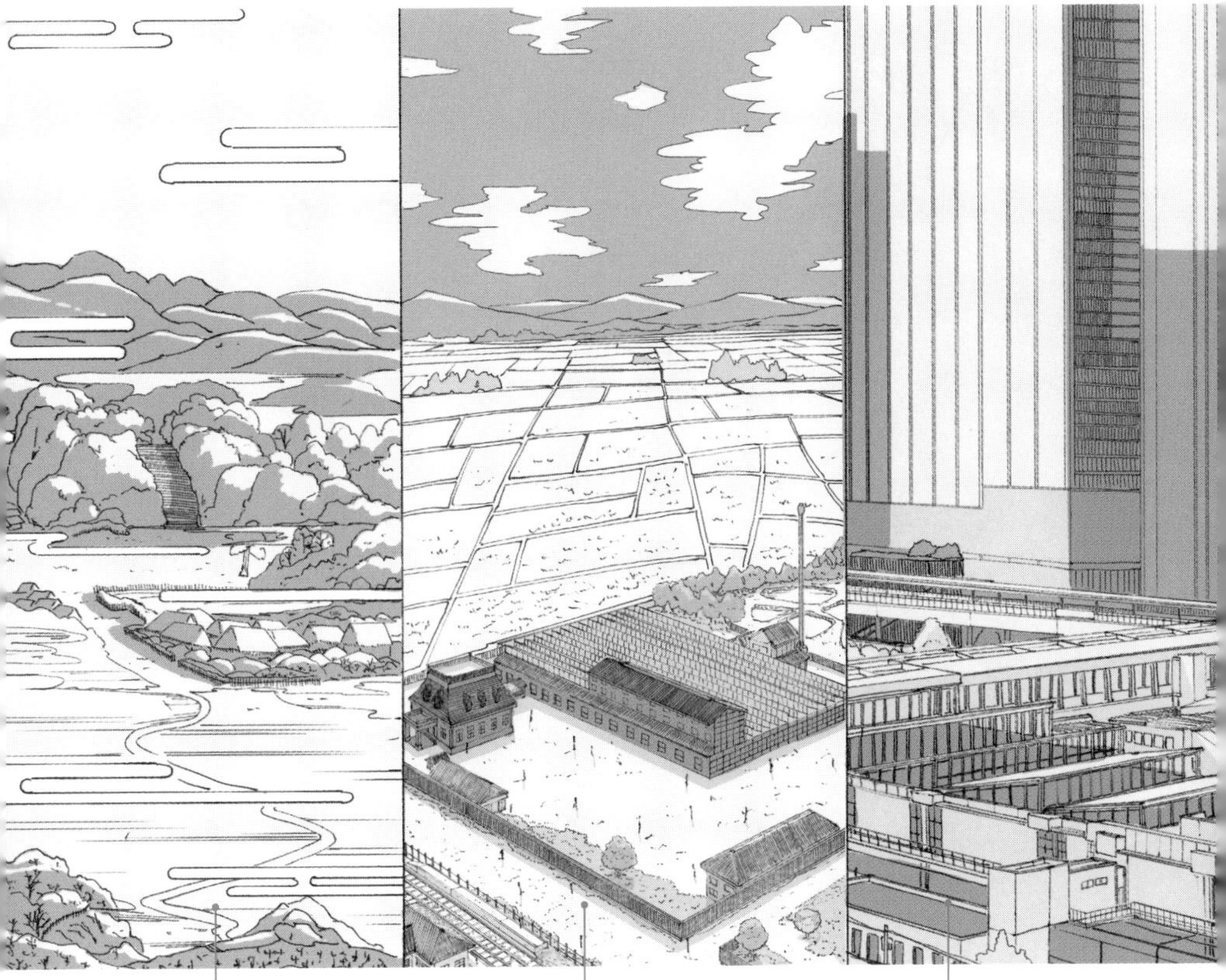

江戸期の大崎周辺は居木橋村だった。1889（明治22）年に市町村制が施行されて5つの村が合併し、大崎村が誕生

大正期の大崎駅周辺は工場地帯。当時の名残で現在も大崎に社屋を構える企業も多い

現在の大崎駅周辺には大規模複合施設や高層マンションが建ち並ぶ。新たな都市風景へと進化し続ける

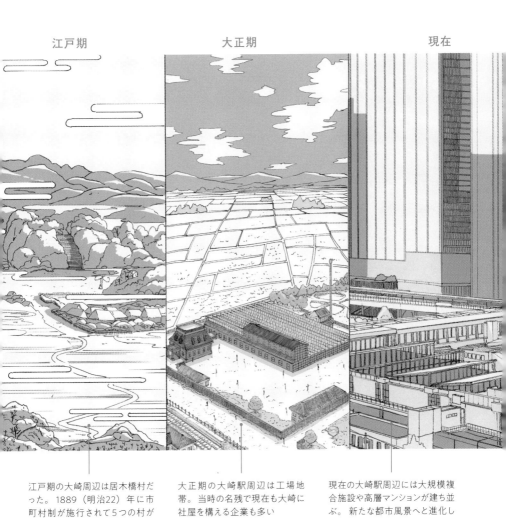

1 居木橋村に大崎駅が誕生

「大崎」の名は、過去に大きな崎（岬）が内海（現・東京湾）に突き出していたことが由来とする説を聞く。目黒川の河口付近が海だった時代の地形を読み解けば、確かに大きな崎として内海に突き出していたことが容易に分かる。だが、古くから大崎と呼ばれてきた地域は、現在のJR目黒駅近辺（上大崎村）から五反田駅北側（下大崎村）にかけてのエリアに限られた。現在の「大崎」は、ほぼかつての居木橋村の範囲。居木橋村発「大崎」の伝説がつくり出される格好の地形といえる。これはよくある新伝説誕生の定番。

　1889（明治22）年に市町村制が施行され、上大崎村、下大崎村、桐ヶ谷《きりがや》村★3、谷山《たにやま》村★4、居木橋村★5が合併し、それらの村を包括する大崎村が誕生。1808（明治41）年には大崎町となる。1832（昭和7）年、東京市品川区に編入された旧大崎町の区域は、上大崎、下大崎、五反田《ごたんだ》、大崎本町★6、西大崎、東大崎に分かれ、新しい町名も現れる。1967（昭和42）年の住居表示では、古くからの町名は上大崎だけとなる。駅名にもなった「大崎」の名は、大崎駅周辺の町名だった「東大崎」と「西大崎」の一部が名称変更して「大崎」に。下大崎村の一部が大崎五丁目となり、何とか「大崎」の名を残す。しかし、下大崎の大半は東五反田に吸収されてしまった。江戸期からの村名である居木橋村と谷山村の一部は本家であるかのように「大崎」の名を昭和初期から使い始める★7。

　1885（明治18）年に上大崎村にできた駅は目黒村との駅名争奪に敗れ「目黒駅」となる。さらに大崎村の一小字《こあざ》にすぎなかった五反田が1911（明治44）年に駅名となり、そこから五反田が町名としても躍進した。一方、大崎村の南東外れにあった居木橋村にできた駅名は「大崎駅」に。駅の開業は1901（明治34）年。五反田駅より10年早く、目黒駅より16年遅い。なんとなく違和感と理不尽さがある。

　その後、上流部の市街化で目黒川の氾濫が多発するようになると、目黒川流域の穀倉地帯は工場地帯に変貌した。

★3　現・西五反田四丁目から七丁目付近
★4　現・西五反田三丁目から二丁目、大崎四丁目付近
★5　現・大崎一丁目から三丁目付近

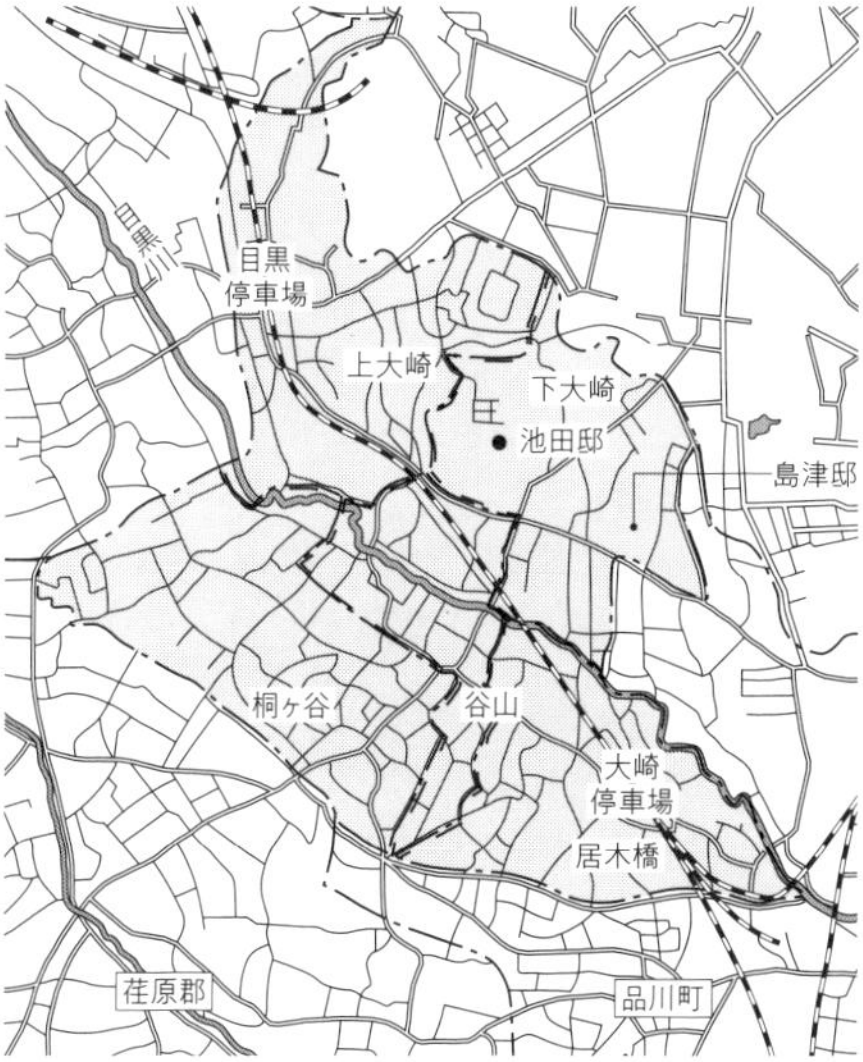

1910年ころの大崎町

水色に塗られたエリアが大崎町。五反田駅は翌年に開業したためこの地図上には存在しない。大崎駅（停車場）の北にある島津邸は島津山という高級住宅地となり、現在は清泉女子大学のキャンパスとなっている

1933年ころの大崎

1927（昭和2）年7月に目黒蒲田電鉄（現・東急電鉄）の大井町線が開通した

★6　不動前駅あたりが大崎本町だったが、西五反田に吸収され、町名が消える。大崎本町は「本町」と名がついているが新しい町名であり、町自体も新しい

★7　「居木橋」の名は目黒川に架かる橋名として残った。室町期まで遡る古い橋名である

2 東京副都心計画で白羽の矢が立つ

東京副都心の場所は、新宿、渋谷、池袋に続き、１９８２（昭和57）年の東京都長期計画において、上野・浅草、錦糸町《きんしちょう》・亀戸《かめいど》、大崎が加わった。１９８６（昭和61）年の第二次長期計画では臨海部が追加され、７つの副都心が出そろう。特に町の様相が一変したエリアは臨海部と大崎。何もない臨海部と、駅前が工場地帯だった大崎は副都心へと向かう開発に最適だったのである。

高度成長期が終焉する１９７０年代後半までにほかの副都心は駅前の開発を一通り終えていた。一方大崎は、大規模工場の土地がまだ駅周辺の大半を占め続け、開発条件としてとびきりの優等生に浮上する。東京副都心全７カ所の中で、新たな都市像を描ける可能性が極めて高く、臨海部に何ら引けを取らない。

大崎駅は１９９０年代後半からターミナル駅としての体裁を整える。１９９６（平成8）年にＪＲ埼京線が乗り入れ、２００２（平成14）年には東京臨海高速鉄道りんかい線が開通し、大崎を停車駅とした。★8

鉄道網が充実し、大崎駅周辺の再開発が２０００年代後半から本格化。大規模再開発により工場の移転が進み現代的な町に変貌する。西口方面では、２００７（平成19）年に明《めい》電舎《でんしゃ》跡地がシンクパークタワー（高さ141m）となる。★9 ２０１１（平成23）年にはソニー旧大崎西テクノロジーセンター跡地がＮＢＦ大崎ビル（高さ139m）としてオープンした。大崎駅西口地区最後の開発となる大崎ウィズタワー（高さ110m）が２０１４（平成26）年に竣工。その年には公共空間の大崎西口公園が開園し、大崎駅西口バスターミナルも２０１５（平成27）年に整備された。大崎駅東口でも再開発エリアが拡大する。２００７（平成19）年竣工のアートヴィレッジ大崎セントラルタワーをはじめ、新しいビルが次々とオープン。レストランやスーパーマーケットが開業し、近隣では多くの高層マンションが建設された。駅からはペデストリアンデッキが延び、各ビルが結ばれていく。生活面での利便性が大きく向上し、御殿山《ごてんやま》の高級住宅地が身近になる。品川の高台にある原美術館、三菱の開東閣《かいとうかく》も近くにあり、「大崎」のブランド力が上がる。

★8　湘南新宿ライン停車駅、相鉄・JR直通線運行開始による停車駅にもなった
★9　上層階に明電舎が入る

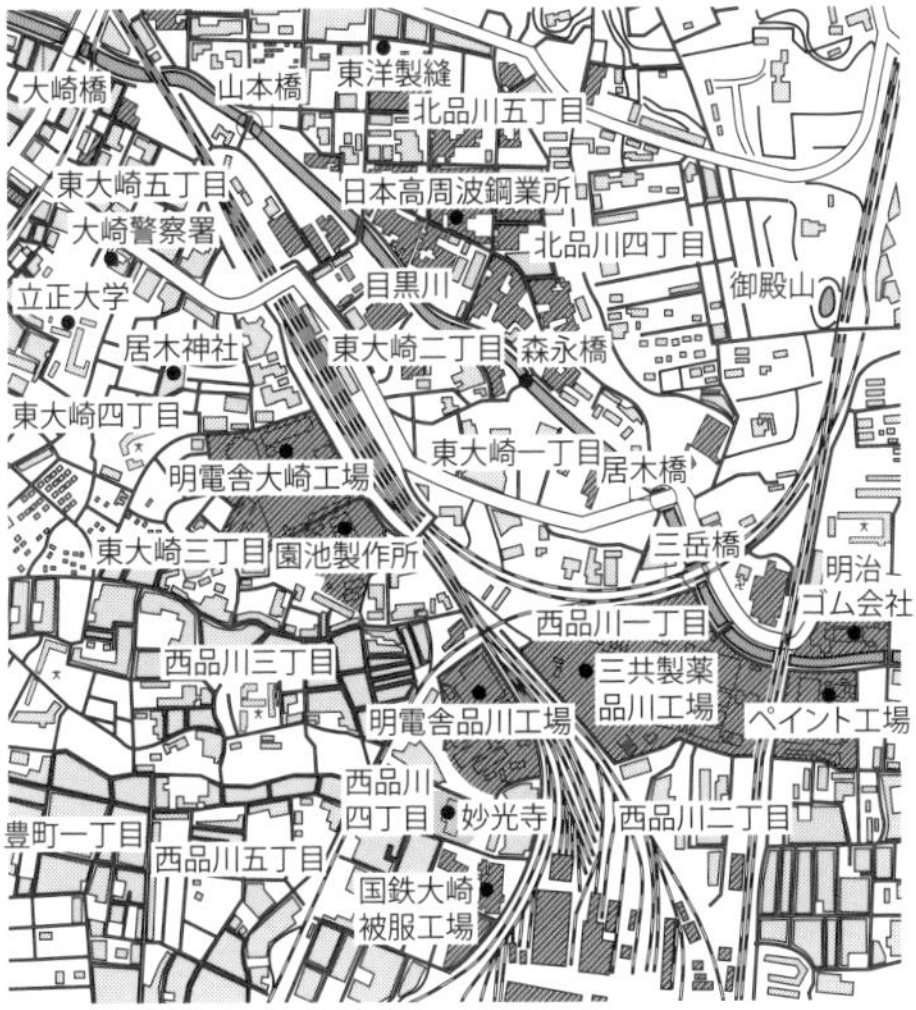

工場、住宅・学校、川

1955年ころの大崎駅周辺

地図を見ると、工場地帯であったことが分かる

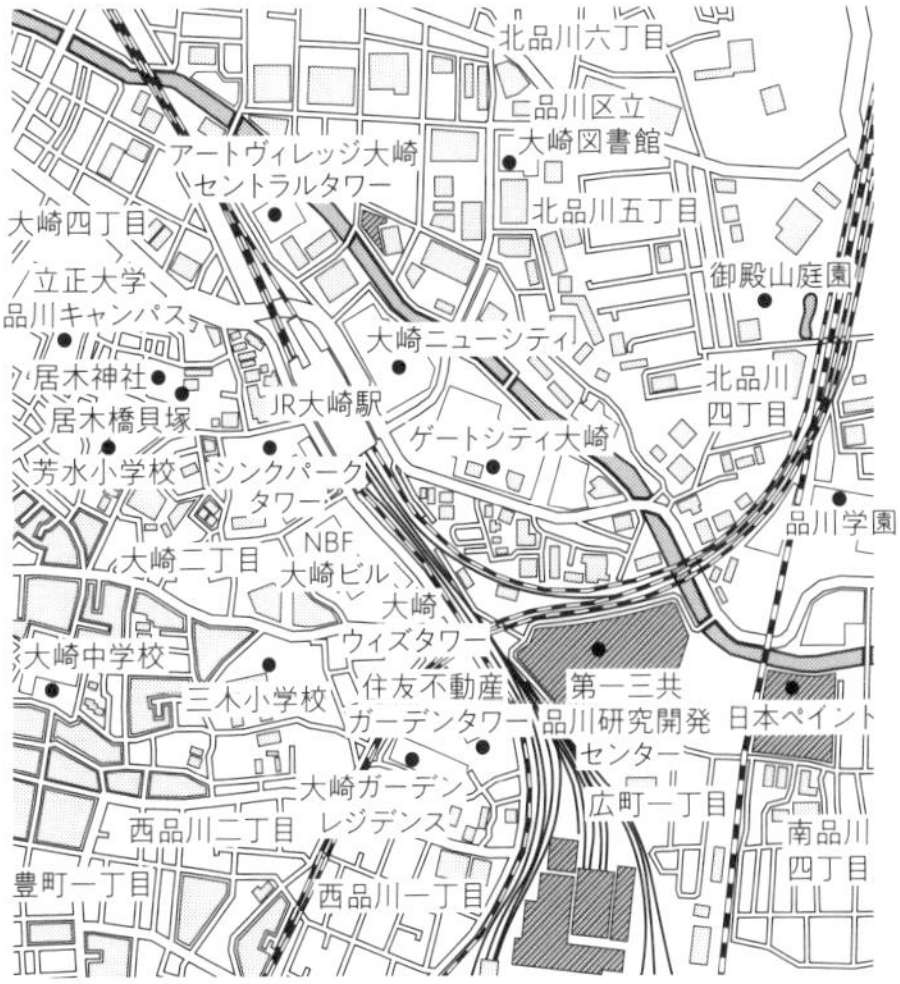

工場・社屋が残る場所、住宅・学校、川

現在の大崎駅周辺

再開発によって工場地帯は複合施設へと変化。学校は当時のままの場所で残り続ける

3 縄文期から人が住む土地、大崎

目黒川を望む高台★10は、目黒川に向かってゆるやかに下る。その傾斜地で居木橋遺跡が発掘された。縄文前期★11を中心に、縄文早期★12から近世、近代まで9000年もの間、連綿と続いてきた遺物や遺構が現在見つかっている。

大きな自然災害を被らずに持続する安全な生活環境だったと想像される。縄文海進する縄文後期★13には、妙光寺《みょうこうじ》の東に突き出た半島（崎）が大波を避ける格好の地形であり、この地域を守り続けた。半島に守られた入江内では貝類の採集が行われ、台地上では狩猟とともに、肥沃な土壌から野菜の栽培が盛んとなる。★14 縄文晩期★15には、谷戸奥の湧水を利用した水田が小規模ながら開かれ、豊かな生活と文化が培われる。居木橋村は、古代から目黒川河口に発展した品川湊と至近距離にあり、農産物の供給地として重要な役割を担った。生活の豊かさを表現したような村だった。

中世の品川湊は武蔵国府である府中との関係が深く、品川道《みち》のルートとして目黒川に居木橋が架けられた。『新編武蔵風土記稿《しんぺんむさしふどきこう》』（1804～29年）によると、居木橋周辺にも縄文遺跡が出土し、現在台地上にある居木神社は居木橋付近の水陸交通の重要な結節点に置かれる。人やモノ、文化が目黒川を遡って交流した。歴史に培われたDNAがうずくのか、現在は目黒川沿いの桜を愛でて遡る船のツアーが人気である。

妙光寺から少し下ったところに妙華園《みょうかえん》という園芸場が、明治～大正期にかけてあった。当時は向島百花園《むこうじまひゃっかえん》★16をしのぐ人気があり、遊戯施設も設けた現代のテーマパークだった。米国・ワシントンにあるハドソン川沿いの桜並木の苗木は、ここから送り出された。妙華園はその後鉄道省被服工場に変わる。この土地がもつ自然と文化の豊かさは、近代以降、工場群からトレンディな再開発へとまったく異なる変化を遂げた。大崎駅周辺の新しい都市空間は、品川との関係でブランド化した。だが、町が美しく魅力的になったとしても、縄文期から続く文化を伝え、融合し、新しい価値を見つけ出すことを忘れてはならない。

★10 標高15m～20m
★11 紀元前4000～3000年
★12 紀元前7000～4000年
★13 紀元前2200～1000年。海面水位が7～8m上昇した

縄文前期と現在の地形

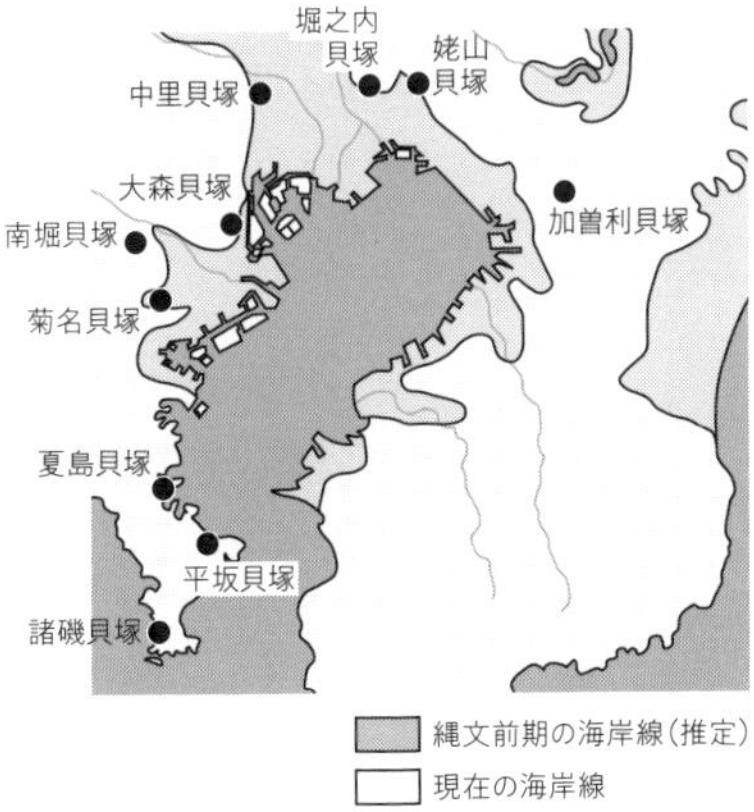

縄文後期は長く温暖な気候が続き、海面水位が7~8m上昇した。この縄文海進と呼ばれる海水面の上昇により内陸深くまで海が入り込み、入り海をつくる。この入り海にはさらに小さな入江がいくつもできた。この比較的安全な小さな入江の水際とその奥の少し高い場所に縄文人が住んだ。現在発掘されている縄文遺跡の多くは海抜8~10mの場所に多く分布する

居木橋遺跡と周辺

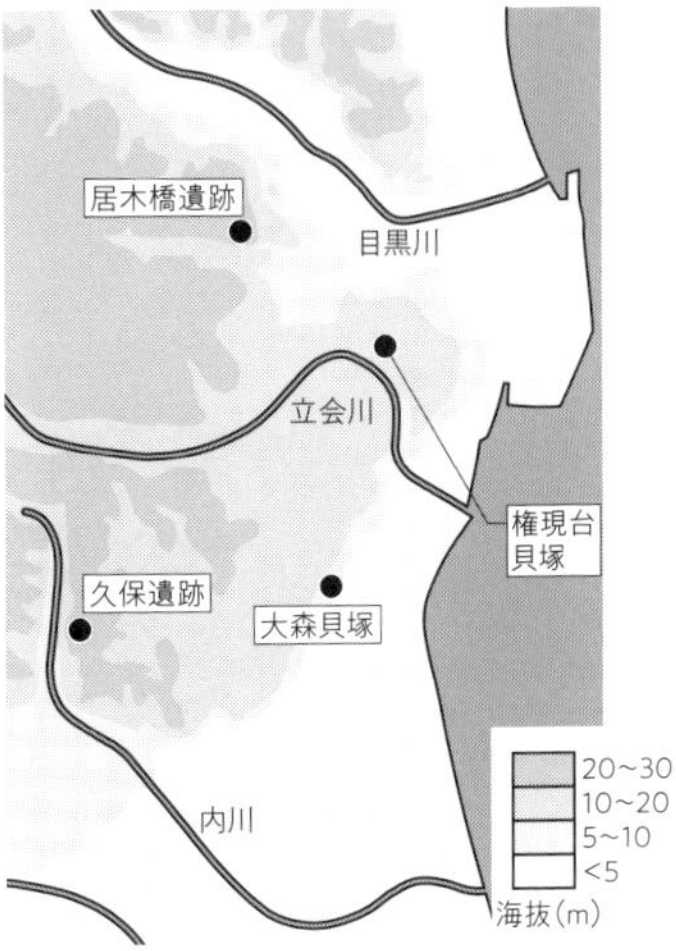

1913年ころの大崎周辺

当時珍しかった西洋植物が栽培され、小動物園などが設けられたりと、テーマパークだった妙華園。工業化に伴い1921(大正10)年に閉園した

★14 江戸期には特産品として「居木橋カボチャ」が知られた
★15 紀元前1000~300年
★16 文政期(1804~1830年)に草花鑑賞を中心としてつくられた民営の庭園

17

首都高速道路が覆う一ツ橋の原型

日本橋川に架かる一ツ橋《ひとつばし》。その上を首都高速道路が覆い被さり、竹橋ジャンクション、一ツ橋出入口が複雑に絡む。その光景が見る者を圧倒し、この橋を渡る時は圧迫感や鬱陶《うっとう》しさがつきまとう。一ツ橋から見下ろす川の水は澱《よど》む。

雉子《きじ》橋から一ツ橋の間、日本橋川の両側は町名が「一ツ橋」である。日本橋川右岸（南側）は一ツ橋一丁目。毎日新聞社の入るパレスサイドビルが広がりのある平川濠に正面を向け、開放的な雰囲気を醸す。江戸期、一ツ橋の南東側は御三卿《ごさんきょう》★1の1つ、一橋徳川家の広大な屋敷で占められた。現在は丸紅東京本社などのビルが立地する。

日本橋川左岸（北側）は一ツ橋二丁目。岩波書店や小学館といった大手出版社が本社を置く。また、共立女子大学、あるいは国立《くにたち》にある一橋大学関連施設の如水会館《じょすいかいかん》★2がある。このあたりで一橋大学の前身である東京商業学校が産声をあげた。四谷と同様、ここでも「一ツ橋」と「一橋」が混在する。★3 一ツ橋はどのような原地形だったのか。歴史から紐解く。

★1　田安徳川家、一橋徳川家、清水徳川家を総称した呼び名。御三家と同様に、将軍の跡継ぎを輩出することを目的に創設された

★2　1982（昭和57）年に如水会ビルとして竣工。一般社団法人如水会は一橋大学の

現在も日本橋川沿いに、一橋御門の石垣が一部残る

江戸期、一橋徳川家の屋敷があった場所には現在、丸紅東京本社などのビルが建ち並ぶ。ただし、町名は大手町一丁目

現在の一ツ橋。首都高速道路の高架下に位置しており、騒々しさがある。一ツ橋を越えると、皇居の平川御門が見える

後援等を目的とする団体。一ツ橋にある「如水会」は、『礼記』の「君子交淡如水」に由来。渋沢栄一が命名

★3 ただし、四谷［118頁］と違い、町名を含め「ツ」の入る「一ツ橋」が現在圧倒的に優勢である

1　一橋徳川家の誕生で入れ替わった橋の名前

いつも見慣れている古い絵地図にも、時として目を疑うような発見と驚きがある。明暦の大火（1657年）直前に描かれた「新添江《しんてんえ》戸之図《どのず》」を見ると、現在雉子橋の架かる場所に「ひとつばし」の名が記してある。★4

「一ツ橋」の名の由来は旧神田川（現・日本橋川）と小石川（現・白山通り）の合流地点を表す「一つ」が橋の名称となったとする説がある。旧神田川と小石川が合流し、1つの川になる場所の橋から「ひとつばし」（一つ橋）と呼び、その名が付く。地形形状から川の合流地点は現在の雉子橋あたりと想定される。では、どうして橋名が入れ替わったのか。

雉子橋と呼ばれる「雉子」の名の由来は、李氏朝鮮王朝との国交回復後、最初に訪れる朝鮮通信使を雉子料理で饗応《きょうおう》するために、家康が鳥小屋で雉子を飼わせたことから名付けられたとされる。この鳥小屋はどこにあったのか。朝鮮通信使が訪れた1607年に描かれたとされる「慶長江戸図《けいちょうえどず》」を見ると、旧雉子橋（現・一ツ橋）の南側一帯は、旗本・御家人の蔵屋敷がいくつも配されている場所だった。これらの蔵屋敷の1つで雉子の飼育が行われたと考えられる。雉子の飼育小屋は当時よほど話題性があったようで、橋の名が雉子橋となる。

その後、八代将軍徳川吉宗の四男徳川宗尹《むねただ》（1721〜65年）が1740（元文5）年に御三卿の1つ一橋徳川家を興し、現在の一ツ橋南東側に広大な屋敷地を賜った。★5 定かではないが、「雉子橋徳川家」では拍子抜けしたのかもしれない。御三卿である一橋徳川家の誕生により、橋の名が入れ替わる。

だが、わざわざ橋の名を入れ替えなくても、1731（享保16）年に田安徳川家を興す吉宗の次男・宗武（1716〜71年）の隣、北の丸内の明地でもよかったのではないか。後に吉宗の孫・重好（1745〜95年）が1758（宝暦8）年に田安徳川家に隣接して屋敷を賜り、清水徳川家を興す場所だ。これは、兄弟の癒着や諍《いさか》いを避けるためかと思われる。尾張家と紀州家の間に水戸家を挟んだ寛永期の御三家の上屋敷の配置に倣ったようだ。

★4　誤記だろうか。しかし、1632（寛永9）年に作成された「豊島郡江戸庄図」にも同様に、雉子橋がある場所に「ひとつ橋」の名があり、単なる間違いではなさそうだ

★5　丸紅本社、KKRホテル東京などが建つ辺り。これ以降の絵地図には現在と変わらない位置に2つの橋の名が

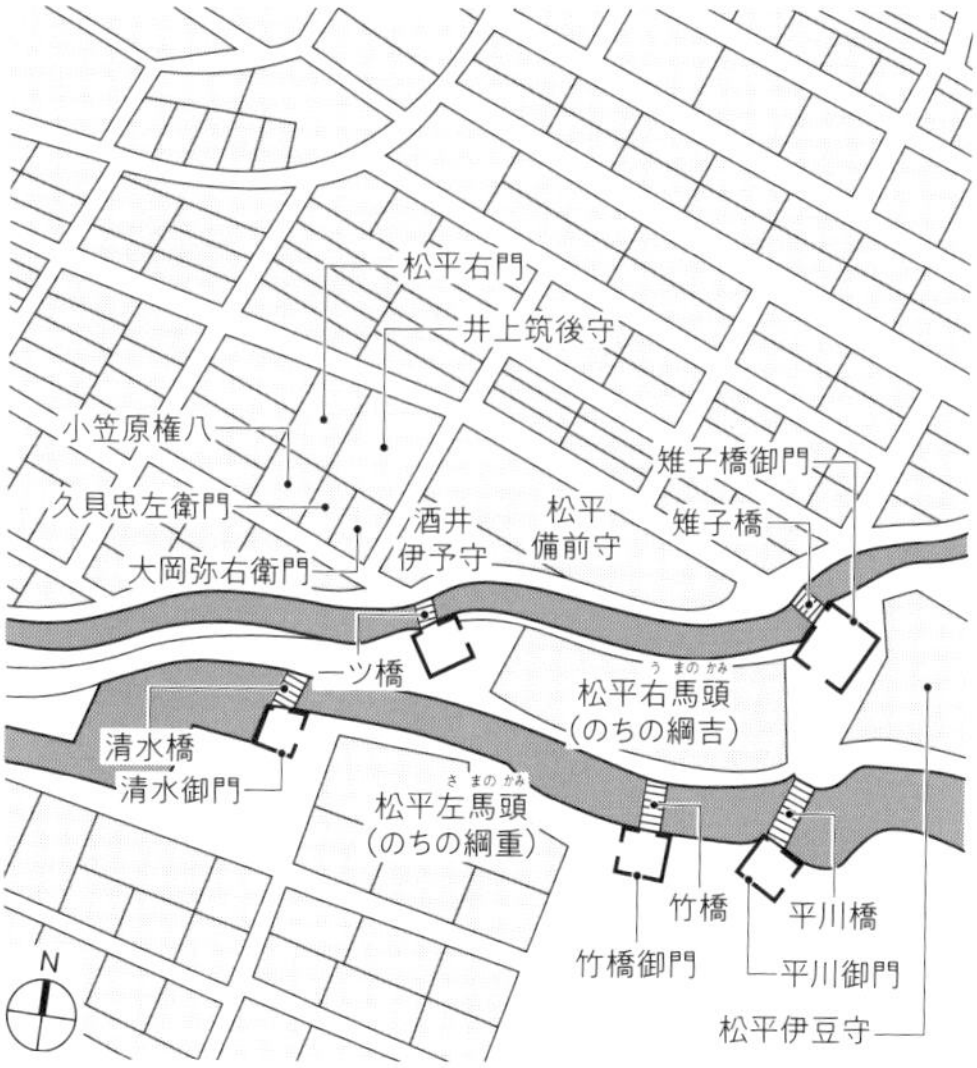

1657年ごろの一ツ橋周辺

明暦の大火（1657年）直前の作である新添江戸之図を見ると、「一ツ橋」と「雉子橋」の位置が現在とは逆に書き込まれている。一橋御門と雉子橋御門の間にある屋敷は、後に五代将軍となる「松平右馬頭（うまのかみ）」である。現在は屋敷跡の一部にパレスサイドビルが建つ

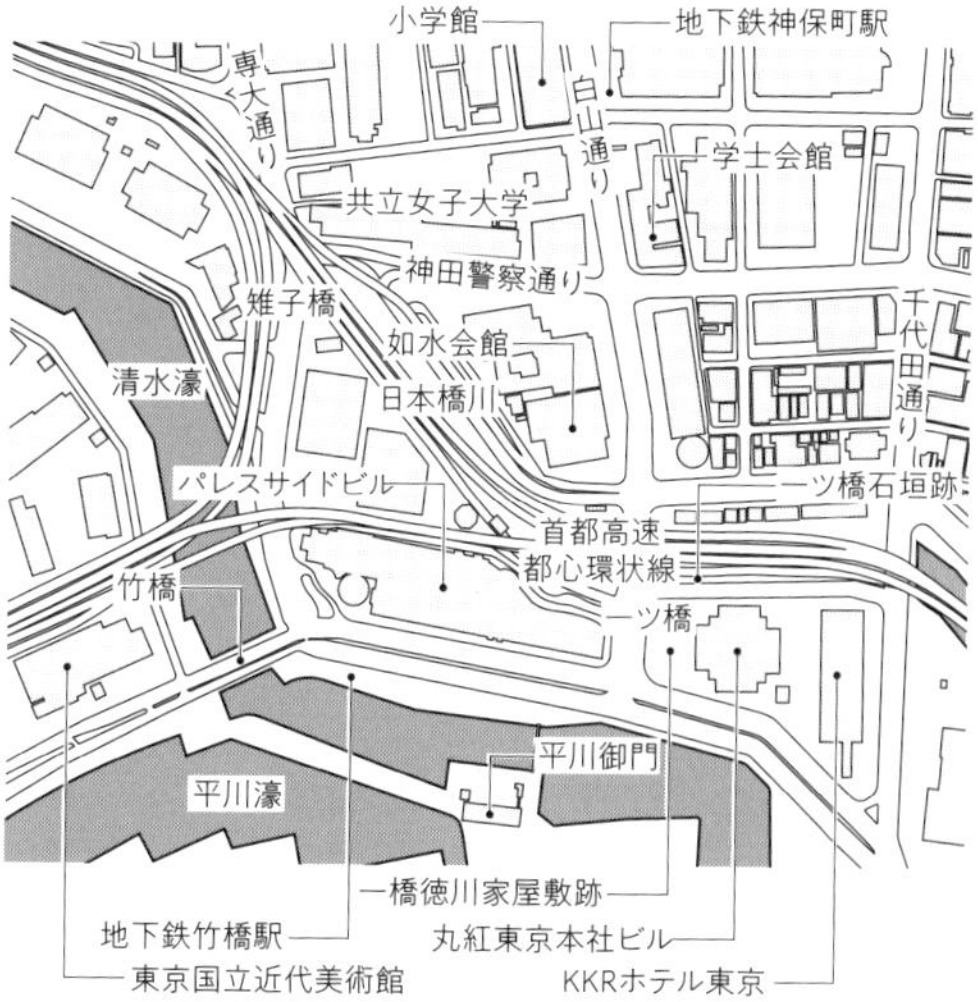

現在の一ツ橋周辺

南側には皇居がある。清水濠、平川濠が現在も立派な石垣とともに、美しい水辺風景を演出する。北側は大学のキャンパスや大学関連施設が建ち並ぶ文教地区である

記されている

2「一ツ橋」と「一橋」の混在

現在の一ツ橋南側に御門があった。1606（慶長11）年に築造され、その後「一橋御門」と命名された。現在の地名や橋は「一ツ橋」と表記されるが、この御門は「一ツ橋御門」ではない。漢詩を尊ぶ武家社会での送り仮名はいかにも庶民的。一橋家が誕生する以前の御門の名は「ツ」を取り「一橋御門」に。後の雉子橋御門の位置にあった。一橋家の「一橋」はこの御門の名からと考えられ、御三卿の家名が「一橋」と表記されるようになった。

1878（明治11）年の郡区町村編制により東京15区が誕生した際は、橋の一ツ橋が神田区に編入され、一橋御門跡（1873年撤去）が麹町《こうじまち》区となる。

一橋家屋敷跡は現在大手町一丁目にある。1872（明治5）年に起立した時の町名は、一ツ橋南東側の一橋家上屋敷跡が前年の1871年に近衛騎兵大隊の用地となっていたことから、元衛町《もとえちょう》に。一橋徳川家の屋敷跡には現在碑が立つが、町名は「一橋」の名と無縁となる。

一ツ橋の北側にある一ツ橋通町には、一橋大学の前身、東京商業学校★6が置かれた。前身校である旧制東京商科大学が国立《くにたち》への移転を経て、第二次世界大戦後の新制大学移行に際し、発祥地の名を校名に冠し「一橋大学」と改称、現在に至る。東京商科大学が1933（昭和8）年に移転した跡地の一部は、小学館の本社用地に。

文教地区としての一ツ橋の雰囲気は、共立女子大学キャンパスと共立講堂、一橋大学の一部施設（一橋講堂・如水会館など）が引き継ぐ。一般社団法人如水会は、千代田区一ツ橋二丁目に、地上14階、地下2階の高層ビル「如水会館」を所有する。白山通りを挟み、学士会館★7の斜向かいに位置する。

一橋大学は、「一ツ橋通町」（後に町名は「一ツ橋」）から移転したにもかかわらず、「ツ」が取られた。大学の設立には、一橋家当主から十五代将軍となる徳川慶喜《よしのぶ》★8の地位挽回に奔走した渋沢栄一が、深く関与した。やはり漢詩を重んじて、大学の命名は「ツ」のない「一橋」とし、御三卿の一橋家を意識したのだろうか。

★6 一橋大学は、明治初期に実業人を養成する商法講習所（1875年）として東京銀座尾張町に私塾を開設。設立の際、初代文部大臣の森有礼に渋沢栄一、益田孝ら在京の財界人が協力。見識と知識を備えた実業人を養成することが設立の目的だった。1876（明治9）年、木挽町に移転

1872年ごろの一ツ橋

一橋御門の東側、一橋家の屋敷だった元衛町（現・千代田区大手町一丁目3・4番、一ツ橋一丁目の一部）は、「一橋御門内」と通称され、武家地が明治4（1871）年に近衛騎兵大隊用地となり、町名の由来となる。明治5（1872）年に「神田橋内元衛町」の町名が誕生し、明治12（1879）年に「元衛町」と改称した。なお、町名は「元近衛」を略したものだが、時が過ぎると意味不明となり、大手町と竹平町に編入され消滅する

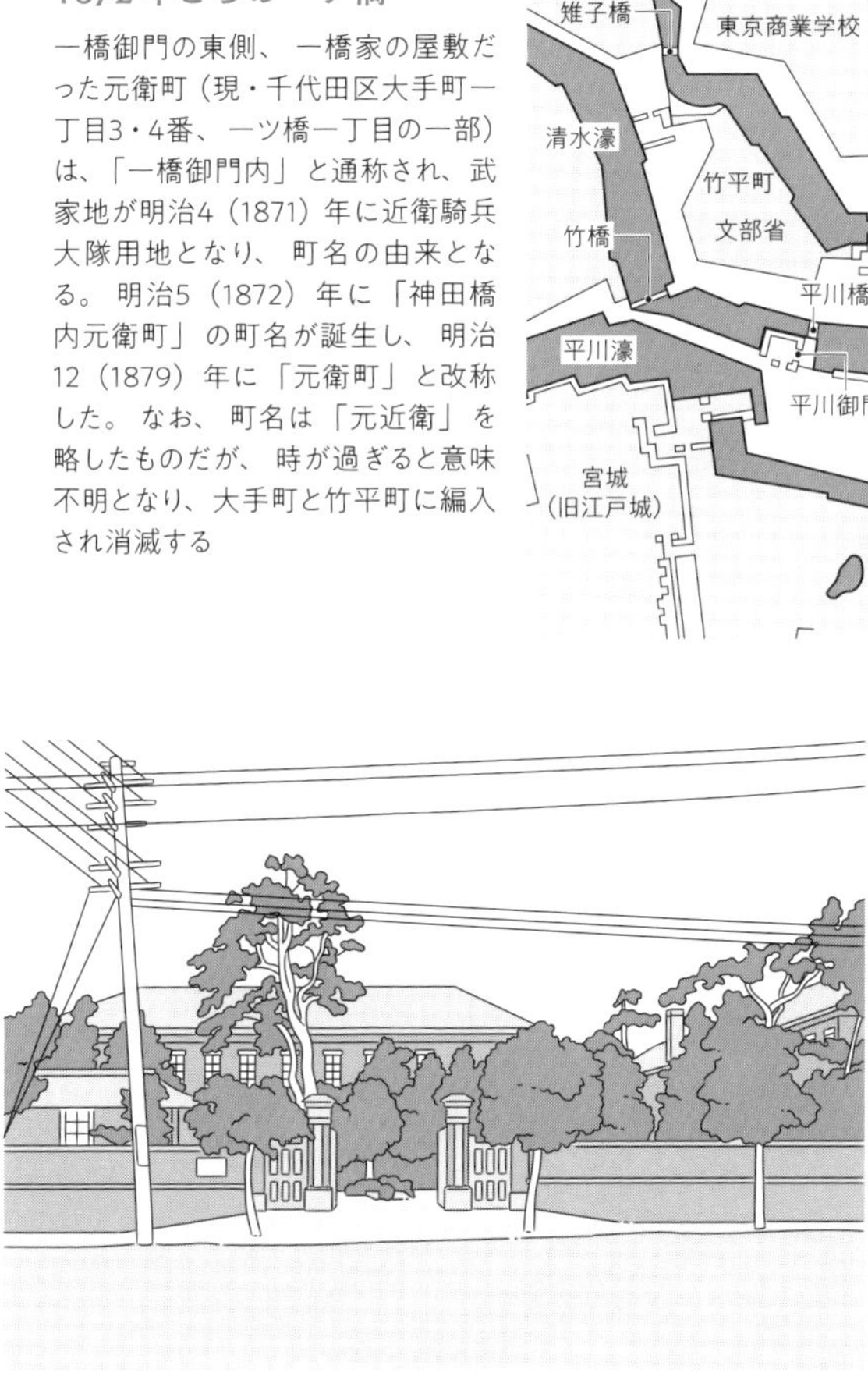

東京商業学校

1884（明治17）年、初の国立の商業学校となった東京商業学校。翌年には文部省に移管され、1887（明治20）年に高等商業学校と改称。1902（明治35）年、東京高等商業学校と名前を変えた。1920（大正9）年には東京商科大学として日本における商学教育・研究の一大拠点となる。1930（昭和5）年、関東大震災に伴い一ツ橋の地から、東京郊外の国立市に移転。1949（昭和24）年、戦後の学制改革によって新制一橋大学が設立された

★7　学士会は、旧帝国大学系大学の出身者などを主な会員とする、大学の枠を超えた一種の同窓会組織
★8　慶喜は水戸家から一橋家に養子に入った

Q3 脈々と受け継がれる一ツ橋の名

現在、日本橋川を挟み南側が一ツ橋一丁目、北側が一ツ橋二丁目の町名である。日本橋川南側にある一ツ橋一丁目は、明治に入り、すぐに兵隊屯所および土佐高知藩十五代藩主だった山内容堂《やまうちようどう》（１８２７～７２年）の屋敷となった。間もなくして、この場所に１８７１（明治４）年創設の文部省が１８７２（明治５）年に移る。文部省時代の町名は、竹橋御門と平川御門の間にあることから、それぞれの頭文字をとり「竹平町《たけひらちょう》」と呼ばれた。

１９３１（昭和６）年に文部省が現在地の虎ノ門に移転してしまう。跡地には、戦後しばらくして１９６６（昭和41）年に竣工するパレスサイドビルが建ち、その建物に毎日新聞社が移転してきた。

１９７０（昭和45）年に住居表示が実施された時、麹町区だった「竹平町」が同じ千代田区内である一ツ橋二丁目と同様に「一ツ橋」の町名となる。無難な決着かもしれない。

一ツ橋二丁目は、江戸期から一橋御門を北に延びる通りの「一ツ橋通」（現・白山通り）、雉子橋御門から北に延びる通りの「雉子橋通」（現・専大通り）と呼ばれる２つの通りの間にある。これらの通りに挟まれた街区は、江戸時代に北側が丹羽亀山藩松平豊前守信義《のぶよし》（老中１８６０～63年、形原松平家）の上屋敷だった。

１９０７（明治40）年には高等師範学校付属校（現・筑波大学付属中学校・小学校）、西角の一部が女子職業学校（現・共立女子大学）となる。南側の四番明地は高等商業学校（１９０７年、のちの一橋大学）に。これらのエリアの町名が１８７２（明治５）年に一ツ橋通町と名付けられた。「一ツ橋通町」は、北東側にあった町、江戸期の「一ツ橋通小川丁」が由来。「一ツ橋」の名が継承された。

帝都復興計画の一環として町名が変更され、旧町名の一ツ橋通町は新町名の一ツ橋二丁目に一部が編入されて消滅する。ここは一橋家の屋敷とは関係しないエリアだが、一橋大学の旧地の縁とも重なり、教育（共立女子大学、如水会館）や書籍（岩波書店、小学館、集英社）、メディア（毎日新聞）が集まるエリアとして「一ツ橋」の町名が残った。

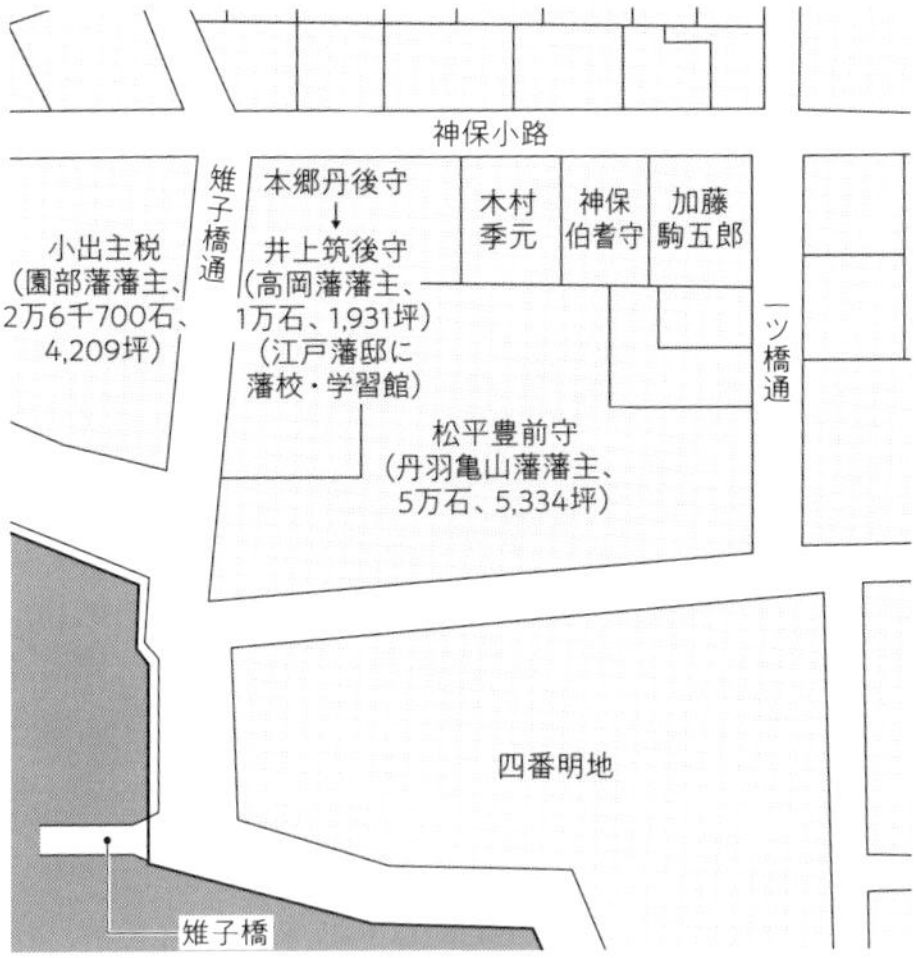

1861年ごろの一ツ橋周辺

四番明地の北側は丹羽亀山藩松平豊前守信義の上屋敷となる。松平家は徳川吉宗が八代将軍となるころ（1717年）に屋敷を賜る。老中だった信康（のぶやす、1666~1717年）が亡くなり、嫡男の信嶺が21歳で家督を継いだ年である。以降明治維新まで屋敷が維持された

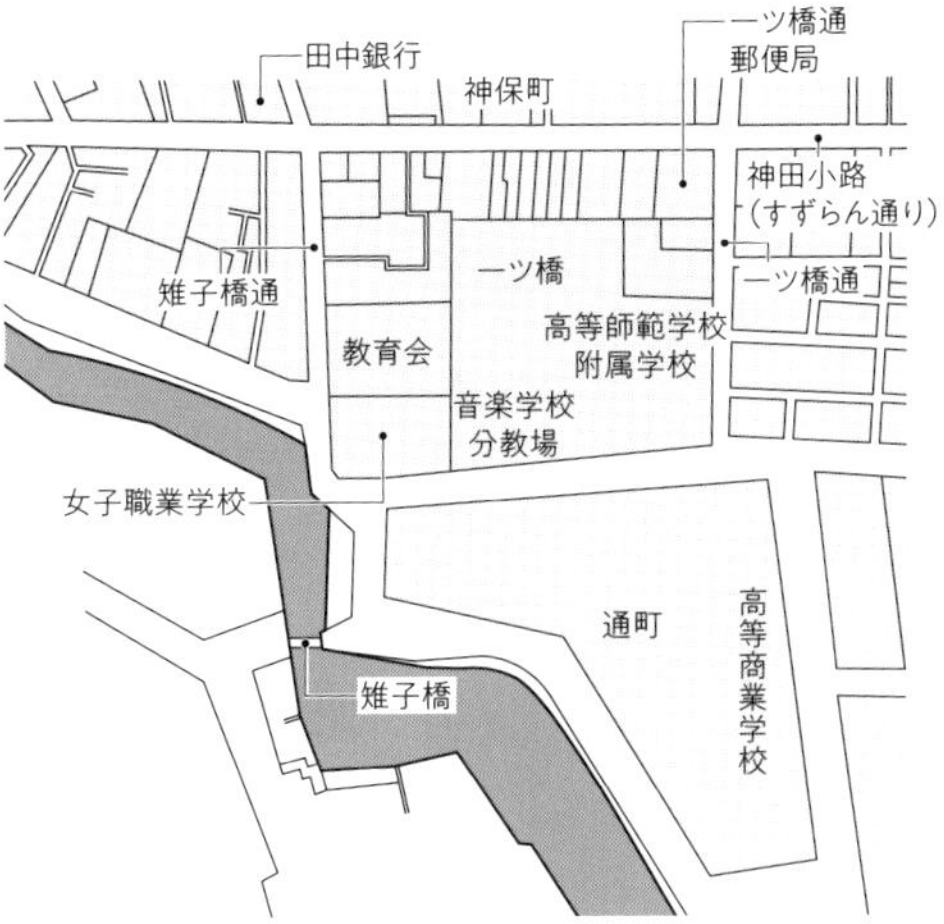

1907年ごろの一ツ橋周辺

雉子橋通、一ツ橋通に挟まれた大名屋敷と四番明地は、明治期に入り教育施設に転換した

18

大名屋敷跡に建つ六本木の超高層ビル

赤坂見附《あかさかみつけ》から渋谷方面へ、赤坂・麻布《あざぶ》台地の尾根の比較的平坦な場所を青山通り（旧大山街道）が抜ける。この道から南東方向に向けて芝増上寺《しばぞうじょうじ》までの間は、谷が襞《ひだ》のように細かく入り込む台地となる。複雑な地形から、南北を貫く道は近年まで外苑東《がいえんひがし》通りに限られた。谷が入り組む台地上を武家地として開発するために、青山通りから南北に延びる今の外苑東通りは江戸期の早い時期に通された。寛永期（1624〜44年）にはすでに萩《はぎ》（長州《ちょうしゅう》）藩《はん》毛《もう》利《り》家《け》の屋敷、その支藩・長府藩《ちょうふはん》毛利家や米沢《よねざわ》藩《はん》上杉《うえすぎ》家《け》の屋敷があり、ほかにも、譜代大名や外様大名の大きな屋敷地が数多く占める土地柄だった★1。

現在、そのような大名屋敷跡はトレンディな場所に変貌する。萩藩毛利家下屋敷が東京ミッドタウン六本木《ろっぽんぎ》（2007年開業）、長府藩毛利家上屋敷が六本木ヒルズ（2003年開業）というように★2。

ではなぜ六本木のランドマークは大名屋敷跡を選ぶのか。歴史から紐解く。

★1　譜代大名では小田原藩大久保家、磐城平（いわきたいら）藩内藤家、外様大名では宇和島藩伊達家、鹿島藩鍋島家、宍戸藩秋田家があった

19世紀前半、萩（長州）藩毛利家下屋敷内の斜面地を利用した名庭園「清水園」（江戸麻布邸遠望図を参考）。現在は東京ミッドタウン六本木に隣接する檜町公園として清水園が再現された

2007（平成19）年3月に開業した東京ミッドタウン六本木。高級ホテルやレジデンス、オフィスやショップなど、さまざまな機能を備えた大規模複合施設である

★2　米沢藩上杉家の屋敷跡にも、325mにもなる超高層ビル「麻布台ヒルズ 森JPタワー」が2023年に開業した

1　錯綜する「六本木」の名の由来

　江戸後期の「六本木」は、「龍土町《りゅうどちょう》」と「飯倉町《いいくらちょう》」の町名を冠し「龍土六本木町《りゅうどろっぽんぎちょう》」「飯《いい》倉六本木町《くらろっぽんぎちょう》」と呼ばれていた。寛永期ころは、大久保加賀守の屋敷北側にある道（現・外苑東通り）沿いに町人地があった。愛宕下西久保《あたごしたにしくぼ》の龍土町は元和《げんな》年間（1615～24年）に幕府から代地を賜り、移転。明暦の大火（1657年）後に龍土町が少し西側の組屋敷跡の一角に移るが、残った町場の一部が「龍土六本木町」の名となる。元和年間には小規模な寺院が集まり寺町を形成し、その門前町も開かれた。

　明暦の大火以降に飯倉六本木町が現在の外苑東通りから奥まった旧芋洗《いもあらい》坂の両側、毛利甲斐守家の屋敷地と百姓地の一部に移転してきた。飯倉町に代地が与えられ移ったことによる。この3つの町場が核となり、明治期に入り六本木町となった。

　明暦の大火後に、突然「六本木」の名が登場するが、これといった明快な来歴は不明。江戸後期の『文政町方書上《ぶんせいまちかたかきあげ》』によると、六本木が町として町方支配になる時、古くから6本の松の大木があったことにちなむとしている。「六本木」の由来となる諸説には、ほぼ「六本の木」という共通性がある。目の前にある6本の木の光景が印象に残り、町名とするケースはありがちだ。だが、もっともらしい由来がないと、拠り所を求め後付けの新伝説が生まれる。

　たとえば、木にまつわる6つの大名家★3の屋敷が近くにあり、それを町名の由来とした説がある。時代の異なる古地図でそれぞれを追うと、上杉家の屋敷を除けば由来と関係ない場所ばかり。

　面白い由来としては、6人の落武者説がある★4。この由来では、5本の榎《えのき》★5の下で5人が自害し、さらに逃れた1人が一本松の下で果てたと。5本の榎と1本の松を合わせて六本木とする。榎は萩藩毛利家下屋敷に多く植えられ、知名度がある。また麻布には「一本松坂」があり、エリアの特色を織り込む。「五本の榎」としたところが洒落ている。数合わせに1本加える演出だ。こじつけの新伝説もここまでくると憎めない。

★3　6つの大名は「上杉」「朽木」「青木」「片桐」「高木」「一柳」である
★4　これは戦国期を想定しているのか。実際は、「六本木」の名はそこまで遡らない
★5　成長するとかなりの高木となり目立つ木である

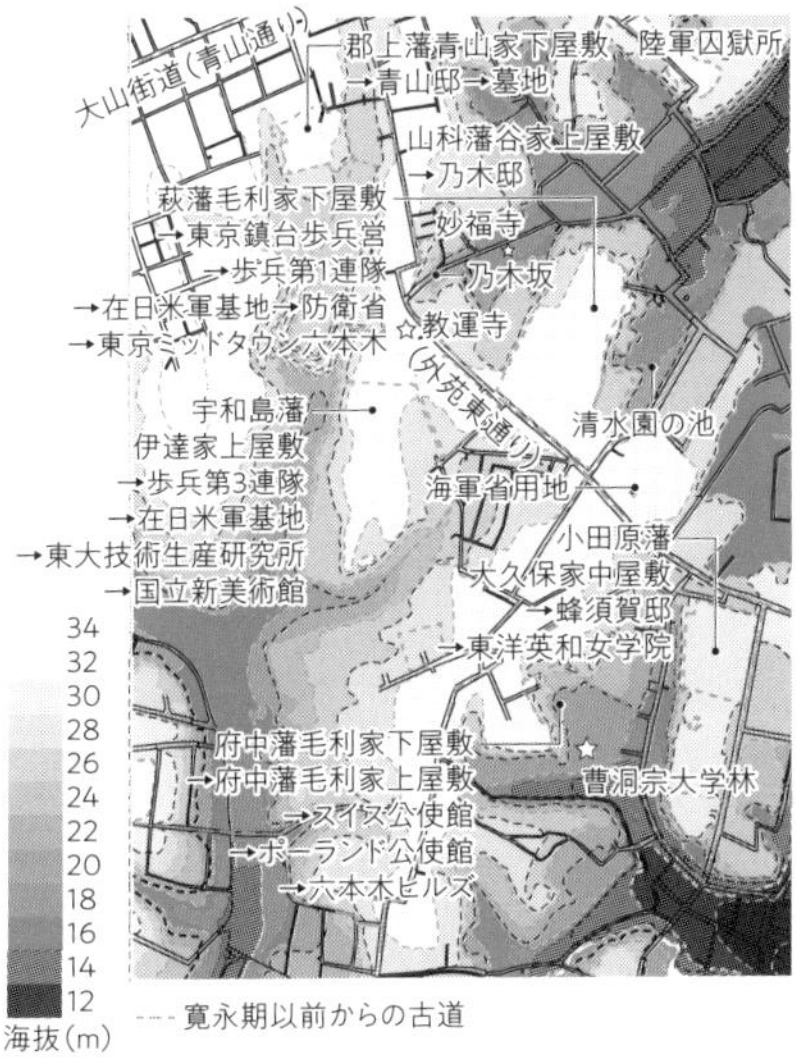

六本木周辺の地形と土地利用の変遷

おおまかに、旧藩名→明治16(1883)年ころの土地利用→現在、 の変遷を示した。 台地上を東西に抜ける現在の外苑東通りは平坦な道だが、その両側は谷が細かく入り込み複雑な地形となる

現在と江戸後期の六本木周辺

大名屋敷によって町が構成されていたことが分かる。 江戸期の町人地は、 台地上の道沿いや谷の隙間にわずかに立地するだけだった

2　明治期につくられた新たな交差点

明治期の六本木は、江戸初期からある現在の外苑東通りに六本木通りが交差するように新たに加わる。六本木町で2つの通りが出合った。2つの通りには路面電車の軌道が敷かれ、交差した場所に「六本木」と呼ばれる停車場ができる。溜池から渋谷に向けて路面電車が通れる緩やかな勾配の道を選ぶと、ごく小さなエリアにすぎない六本木町を抜けざるを得ない。ピンポイントで交差した六本木町の強運がここに芽生えた。

では、なぜわざわざ新しい道を通したのか。六本木近辺には龍土町（現・六本木七丁目）に陸軍歩兵第3連隊、赤坂区《あかさかく》檜町《ひのきちょう》（現・赤坂九丁目）に同第1連隊というように、日本陸軍の軍事施設が大名屋敷跡地を利用して多く置かれた。これらの施設と、永田町（三宅坂）にある参謀本部★6、代々木練兵場★7を結ぶために、路面電車が走れるくらい広い道を通す必要があった。もちろん、戦車などの大型車両の走行を想定してのことだ。

戦後になり、陸軍の施設は米軍施設に様変わりする。米軍の施設が六本木に集まる素地がすでにあり、六本木がトレンディな場所としてにわかに脚光を浴びる。米軍兵士やその家族が六本木を闊歩《かっぽ》し、当時の日本にないハンバーガーやホットドッグを売る店が出現した。1959（昭和34）年には現在のテレビ朝日の前身が赤坂一ツ木町に開局し、近衛第3連隊跡地（赤坂五丁目）にあるTBSとともに、情報発信の場となる。

1964（昭和39）年開催の東京オリンピックに向けて通りの幅がさらに広がり、通称名が「六本木通り」となった。土地変遷の特徴を味方に、六本木の名は知名度を上げる。1967（昭和42）年には、六本木の町名が周辺の町を次々に取り込んだ★8。それぞれは小さな町だが、町の全域、または一部を併せることで、現在の大「六本木」を誕生させた★9。「六本木」の名の誕生は、町名を名付けるために訪れた江戸期の役人が目にした六本の木にすぎないが、その名が近代以降メジャーな名として定着。土地変遷や社会情勢が確固たる固有名詞に仕立てあげた。

★6　現在国会議事堂前庭があるあたり
★7　現在国立代々木競技場、代々木公園があるあたり
★8　六本木に編入された町は、麻布六本木町に加え、麻布市兵衛町、麻布箪笥町、麻布今井町、麻布仲ノ町、

1913年ころの六本木周辺

日本陸軍の主要施設は、戦車や軍事用トラックが移動しやすいよう、勾配が少ない道沿いの大名屋敷跡地が選ばれた

麻布三河台町、麻布北日ヶ窪町、麻布鳥居坂町、麻布龍土町、麻布谷町、麻布霊南坂町、麻布榎坂町、麻布飯倉片町、麻布桜田町、麻布霞町である

★9 小さな町のエリアに限られていた六本木の町は、今や赤坂、麻布へと侵食する気配をうかがわせている

3 街に漂うトレンディな雰囲気の正体

現在の六本木は、まったく異なるイメージが絡み合う。陸軍大将の乃木希典《まれすけ》にちなむ坂名である乃木坂と関連し、人気アイドルグループの「乃木坂46」が生まれた。同じアイドルグループである「櫻坂46」の名は、六本木ヒルズの再開発で新たに整備されたさくら坂（旧内田坂）からとられたという。乃木大将の名は六本木ヒルズとともに、トレンディな超高層ビルの東京ミッドタウン・タワーとも深く関わる。

乃木希典の父・希次《まれつぐ》は萩（長州）藩毛利家支藩である長府（府中）藩江戸詰藩士だった。そのことから、希典は10歳になるまで長府藩毛利家上屋敷で生活した。現在六本木ヒルズがある土地である。六本木ヒルズは、高さ238mの森タワーが再開発の核となり、2003（平成15）年にオープンする。長府藩毛利家の上屋敷跡地を種地とし、下総小見川藩内田家上屋敷の跡地一部と谷地に成立していた町人地を取り込み、再開発がなされた。

希典が10歳のころ、家族とともにいったん長府に引き上げることになった。西南戦争後の1878（明治11）年には歩兵第1連隊長として再び東京に戻る。同連隊の兵舎は、現在の東京ミッドタウン六本木。江戸期は萩藩毛利家の下屋敷だった。

1871（明治4）年まで萩藩毛利家下屋敷として使われた後、2年後には東京鎮台歩兵営（歩兵第1連隊）として土地利用転換する。★10 戦後は米軍将校の宿舎となった。1960（昭和35）年日本に返還され、陸上自衛隊檜町駐屯地に。旧防衛庁の本庁舎も置かれた。屋敷内にあり名庭園として知られた「清水園」は、一部が1963（昭和38）年に港区立檜町公園に姿を変えて残り続ける。

防衛庁が2000（平成12）年に市ヶ谷に移転。その跡地に高さ248mのミッドタウン・タワーを中心に再開発がなされ、東京ミッドタウン六本木として2007（平成19）年にオープン。檜町公園には清水園が再現された。乃木大将の幼少時を重ねて2つの開発エリアを歩くと、いつもと違う風景が目の前で立ち上がり、不思議な時空を旅する楽しみが膨らむ。

★10 萩藩が主体となって陸軍の強化を図ったため、毛利家は明治政府に積極的に屋敷地を提供した

現在の六本木周辺

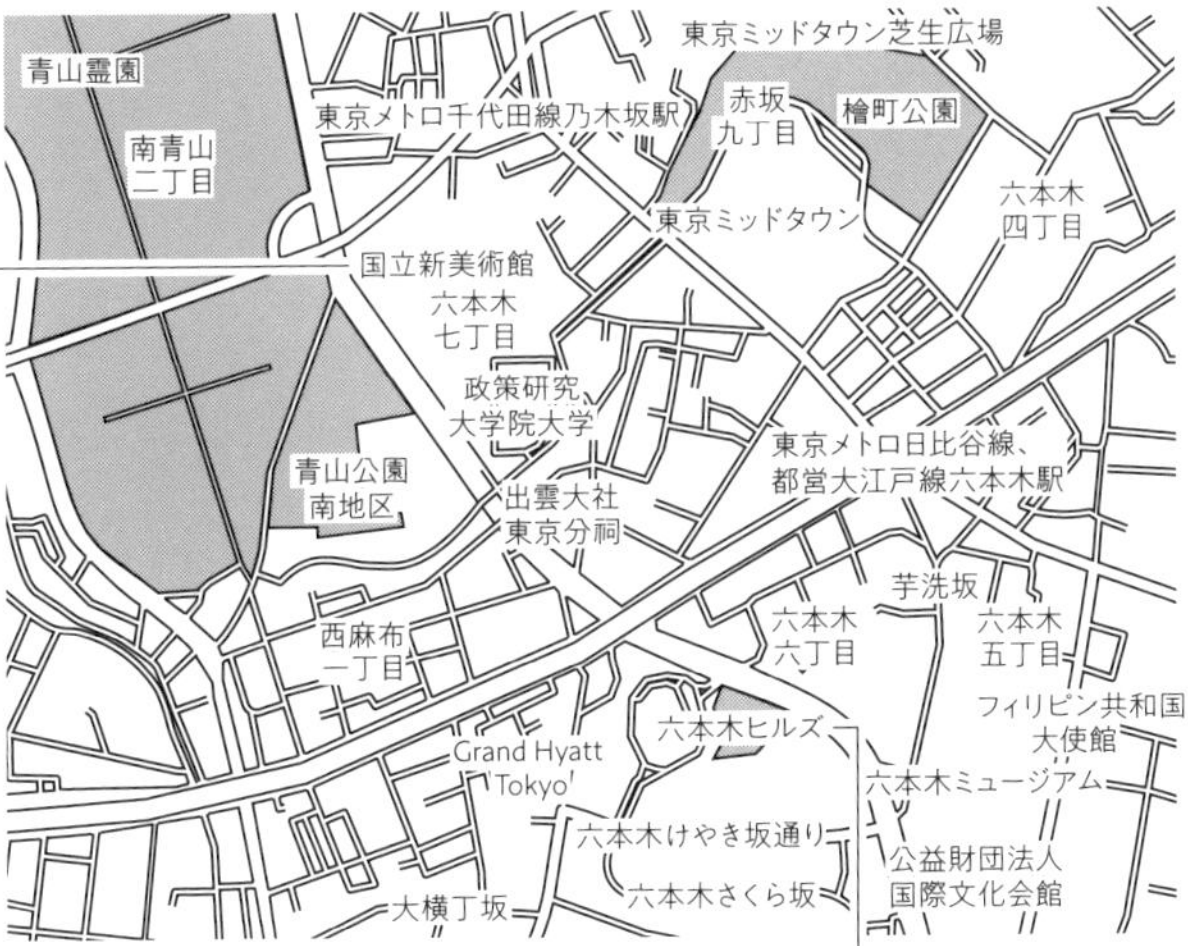

国立新美術館は宇和島藩伊達家上屋敷跡に建てられた（2007年開館）

六本木ヒルズは長府藩毛利家上屋敷跡に建てられた（2003年開業）

おわりに

本書は、建築雑誌「建築知識」(エクスナレッジ)において、２０２２年8月号から２０２３年7月号まで12回の連載(四谷、池袋、八重洲、新富町、六本木、神田、大崎、大久保、有楽町、佃・月島・晴海、一ツ橋、白金)がベースとなる。その後、出版に向けて6編(春日、神田三崎町、千駄木、市谷柳町、原宿、目黒)を新たに書き下ろして追加した。この18編の町を数ある東京の町から選ぶにあたり、いろいろな思いが巡った。

東京を都市研究の対象として徘徊しはじめて半世紀以上が過ぎる。主に一人で歩くことが多く、その時の話し相手は訪れた町。ただし、20歳代は町が話しかけてくれず黙々と一人歩く日々が続いた。30歳代半ばころから、さまざまな雑音が入り乱れる雑踏、あるいは誰も行き交う人のいない路地裏から、時折町の声がするようになる。ただし、こちらの歩き方が悪いと、町の声が聞こえない。この時、町を知る歩き方を学ぶ。

50歳になるころから、まち歩きの講座が増え始めた。多くの人たちと一緒に東京を歩くようになり、素朴な疑問を時々に投げかけられる。「どうして谷がいくつもあるのに四谷なのか」など、これらの疑問はなかなか難しく、即答に窮することも度々あった。この様にして投げかけられた疑問から、本書の町の一つ一つが原稿になり、18編となる。

素朴な疑問の投げかけから町を読み解く試みは、10年以上かけて少しずつ原稿化してきた。町歩き本は競合する本も多く、ことごとく出版社から丁寧なお断りをいただき続ける。そのような折に、建築雑誌「建築知識」から連載の話が舞い込む。

「建築知識」での連載は、２０２１年６月号「最高の建物と街を描く技術」で「港町のつくり」１ページの紙面づくりのためにインタビューを受けたことからスタートする。本書とは全く関係しない港町の話だが、その後インタビューを受けた担当者が自著『地形で読み解く都市デザイン』（学芸出版社、２０１９年）を読んでくれ、このような内容で東京の町の連載をしてほしいと連絡があった。こちらにとっては願ってもない話で、即座にお引き受けした。「港町のつくり」のインタビューと連載の担当は岸瑞希氏だった。

うまくことが進む時はこのようなことかと思いつつ、「建築知識」12回連載の編集を担当していただいた岸瑞希氏には感謝いたすところである。その後、向井夢々氏が後を引き継ぎ、見やすく、素敵な本に仕上げ、出版まで担当していただけた。お礼申し上げる。

この本が多くの方に読んでいただけることを願いつつ、これからも体力が許す限り東京の町の旅を続け、町との会話を楽しみたい。

２０２４年５月吉日

岡本哲志

岡本哲志（おかもと・さとし）

1952年東京都生まれ。法政大学工学部建築学科卒業。博士（工学）。専攻は、都市形成史、都市論。法政大学デザイン工学部建築学科教授を経て、現在、岡本哲志都市建築研究所代表、法政大学エコ地域デザイン研究センター研究員。NHK「ブラタモリ」には銀座、丸の内、羽田、白金など計8回出演。『東京の江戸めぐりさんぽ』（小社刊）、『東京「路地裏」ブラ歩き』（講談社）、『江戸→TOKYO なりたちの教科書1～4』（淡交社）、『地形で読みとく都市デザイン』（学芸出版社）、『家康の仕掛け』（淡交社）など著書多数。

まちの歴史を読み解く
東京ぶらり謎解きさんぽ

2024年7月2日　初版第1刷発行

著者　岡本哲志

発行者　三輪浩之

発行所　株式会社エクスナレッジ
〒106-0032
東京都港区六本木7-2-26
https://www.xknowledge.co.jp/

問合せ先　編集　Tel：03-3403-1381
Fax：03-3403-1345
info@xknowledge.co.jp
販売　Tel：03-3403-1321
Fax：03-3403-1829